Das Gesetz der Hölle

„ES" folgt .....

Ryuho Okawa

Copyright © 2023 by Ryuho Okawa
Deutsche Übersetzung/German translation © Happy Science 2023
Originaltitel/Original title: *Jigoku no Ho - Anata no Shigo wo Kimeru Kokoro no Zen'aku*
von IRH Press Co., Ltd., im Januar 2023

Autor: Ryuho Okawa
Buchtitel: Das Gesetz der Hölle — „ES" folgt .....
1. Auflage

Herausgegeben von: IRH Press Co., Ltd.
Akasaka 2-10-8, Minato-ku, Tokyo 107-0052, Japan

Die Deutsche Nationalbibliothek verzeichnet diese Publikation in der Deutschen Nationalbibliografie; detaillierte bibliografische Daten sind im Internet über http://dnb.dnb.de abrufbar.

ISBN-13: 978-3-00-075137-0

Gedruckt in Deutschland

Cover Image: Ma ry / Shutterstock.com

INHALTSVERZEICHNIS

KAPITEL VIER

KAPITEL FÜNF

VORWORT

Ein erschreckendes Buch ist endlich fertig und für Sie bereit.

Ich hätte mir nie vorstellen können, dass *Das Gesetz der Hölle* in dieser Welt des 21. Jahrhunderts veröffentlicht werden würde – dieser bequemen und wohlhabenden Welt, die zeitweise von der Angst vor einem Atomkrieg oder einer Coronavirus-Pandemie dominiert wird.

Wer kann in dieser heutigen Zeit ein solches Buch schreiben?

Da gibt es nur einen einzigen Menschen, hier, in einem kleinen Land im Osten, Japan.

Dies ist sein 3100. Buch.

Das ist Er – ja, der Eine, der zur gleichen Zeit lebt wie Sie, doch der von einer, wie es scheint, unendlich fernen Welt zu Ihnen gesandt wurde. Einst wurde er Alpha und auch Elohim genannt.

Das Gesetz der Hölle ist eine andere Form des Gesetzes der Erlösung.

„Hast du *dieses* Buch gelesen oder nicht?" – Werden Sie bald am Eingang zu einer anderen Welt gefragt werden.

Ryuho Okawa
Meister und Vorsitzender der
Happy Science Gruppe
November 2022

KAPITEL EINS

Einführung in die Hölle

Menschen von heute über die Hölle aufklären

1 Sich mit der Hölle vertraut machen

Ich würde gern in mehreren Lehrreden über die Hölle reden. Zunächst konzentriere ich mich darauf, Ihnen in diesem Kapitel eine Einführung zu geben.

Bis heute habe ich Lehrreden über unterschiedliche Themen gehalten. Doch mit der steigenden Zahl an Lehrreden verlieren immer mehr Menschen aus den Augen, was das Wichtigste ist, und finden es schwierig, die Lehrreden ganz zu begreifen. Doch zumindest möchte ich, dass die meisten Menschen von heute von der Existenz der Hölle erfahren. Die Menschen sollen wissen, wie nah ihnen die Hölle ist, und mit ihrer Existenz vertraut sein. Im weiteren Sinn sind die Lehren über die Hölle auch das Gesetz der Erlösung, das die Menschen erlösen wird.

Die einzige Gelegenheit, die Menschen heute haben, um etwas über die Hölle zu erfahren, sind in erster Linie Horrorfilme, doch die stehen nicht unbedingt in Einklang mit Buddhas Wahrheit. In gewisser Hinsicht wurde die Angst in eine Form von Unterhaltung verwandelt. Darum kann man sagen, die Menschen, die in dieser „Angst-Industrie" arbeiten, verdienen Geld, indem sie Menschen unterhalten.

Darum halte ich diese Menschen nicht unbedingt für die Erleuchteten, die versuchen, die Menschen in die richtige Richtung zu führen. Es gibt unzählige Horrorfilme, und auch wenn man sie als eine Mischung aus guten und schlechten ansehen könnte, finde ich selten irgendwelche guten. Zu viele davon lassen sich als ein Haufen Schrott kategorisieren.

Diese Leute können solche Horrorfilme produzieren, weil viele von ihnen eine höllische Einstellung haben. Darum können sie sich in diese Welt hineinversetzen und sind immer voller Ideen, solche Filme herzustellen.

Obwohl Menschen höllische Phänomene darstellen können, ist das Problem hier, dass niemand eine Antwort darauf geben kann, wie wir damit umgehen sollten. Das können die Menschen heute außerordentlich schlecht. In alten Geschichten sahen Sie zum Beispiel, wie buddhistische Mönche verirrte Seelen in den Himmel schickten oder wie taoistische Meister kämpften, um Teufel auszutreiben. Es gibt auch Geschichten über Menschen, die durch Buddha und Gott oder die Kraft eines Sutras gerettet wurden. Heutzutage jedoch glauben die Menschen nicht mehr an die in diesen Geschichten dargestellte spirituelle Tugend oder interessieren sich nicht mehr für sie. Dies ist eine unheilvolle Situation.

Besonders beunruhigt bin ich wegen der Arbeit von Tempeln, Schreinen und Kirchen. Zumindest diese Orte sollten ihren Gläubigen vielleicht jeden Sonntag etwas über Gott oder Buddha vermitteln. Sie sollten beispielsweise predigen: „Die Seele existiert wirklich, und ebenso Himmel und Hölle. Darum sollten Sie nicht so und so leben; vielmehr sollten Sie auf diese Weise leben." oder: „Falls Sie so und so leben, bitte reflektieren Sie über sich selbst." Falls sie solche Predigten halten, um Menschen zu unterstützen, Reue zu empfinden über sich selbst, oder um ihnen die Gelegenheit zu bieten, jede Woche über sich selbst zu reflektieren, dann erfüllen sie ihre Funktion als Religion. Aber es ist eine Schande, dass das kaum welche machen. Manchmal stelle ich fest, dass einige genau das Gegenteil dessen tun, was sie tun sollten. Das ist sehr enttäuschend.

Nehmen Sie etwa buddhistische Mönche. Sie brauchen berufliche Kompetenzen, um einer zu werden. Doch wie ich bereits einige Male erwähnt habe, lehren einige autorisierte buddhistische Universitäten in Japan, die Mönche ausbilden, allem Anschein nach, Buddhismus sei Atheismus. Manche lehren sogar, Buddhismus sei Materialismus.

Falls sie ihn Atheismus nennen, weil es im Buddhismus um Buddha geht und nicht um Gott, ist das noch vertretbar, denn das ist eine Frage der Benennung. Doch falls sie so weit gehen, zu sagen „Buddhismus ist Atheismus und Materialismus", dann unterscheidet sich das fast nicht von marxistischem Kommunismus.

Selbst wenn Menschen nach Abschluss eines Spezialkurses an einer buddhistischen Universität staatlich geprüft und einem Tempel als Hauptmönch zugewiesen werden – genau wie ein Arzt seine eigene Praxis eröffnet –, dann wäre diese Bescheinigung bedeutungslos, falls sie auf dem falschen Wissen basiert. Die Leute meinen in der Regel, jede buddhistische Universität könne einen zum Mönch machen, doch wenn sie dort Materialismus lehren, dann ist das ein Problem.

Das Gleiche gilt für die Philosophie. Ursprünglich war sie der Religion ähnlich, und beide haben die gleiche Wurzel. Doch „clevere" Leute verzerrten und verkomplizierten gern die Logik und machten sie nach und nach immer abstrakter und theoretischer. Jetzt geht es nicht mehr um philosophisches Denken. Vielmehr wird Philosophie beinahe ein Teil der Mathematik. Wie es scheint, sind Philosophen auch Mathematiker, und Bereiche der Philosophie sind mittlerweile das Studium symbolischer Logik. Eine solche Philosophie hat absolut keine Erlösungskraft – nahezu null. Genau wie es in Religionen ketzerische und böse Vorstellungen gibt, so haben sich auch in der Welt der Philosophie falsche Vorstellungen ausgebreitet. Dies ist in der Tat bedauerlich.

2 Die Gefahr, die religiöse Wahrheit durch weltliche Logik zu verzerren

Die Unterdrückung der Religionsfreiheit durch den Präsidenten einer religiösen Universität

Unter den bestehenden Religionen gibt es Gruppen, die von einem Führer gegründet wurden, der spirituell von einem Teufel besetzt war, oder, anders ausgedrückt, die aus einem höllischen Motiv gegründet wurden. Das ist auch problematisch.

Auch gibt es Religionsgruppen, die zu eng mit politischer Macht zusammenarbeiten und ihr Handlanger geworden sind. Das wäre kein Problem, wenn sie aus Rechtschaffenheit heraus handeln, doch oftmals ist ihr Handeln falsch. Gott oder Buddha werden manchmal benutzt, um Menschen zu drohen und sie zu regieren, weil weltliche Macht allein politischen Führern nicht genügt; davor müssen wir uns hüten. Ich kann Menschen, die noch heute an eine solche Religion glauben, nur bedauern.

In der Vergangenheit schickten wir einen Antrag an das japanische Ministerium für Bildung, Kultur, Sport, Wissenschaft und Technologie (MEXT), um die Happy Science Universität (HSU) zu gründen, doch die Regierung leitete den Fall nur an ein Gremium religiöser Experten weiter und ließ es die Entscheidung treffen. Das ist ihre Art, sich der Verantwortung zu entziehen. Politiker entziehen sich häufig der Verantwortung, indem sie schwierige Themen weitergeben und sie in den Händen von Experten aus dem akademischen Bereich lassen.

Bei unserem ersten Antrag war der Vorsitzende des Gremiums der Präsident einer christlichen Universität. Er hatte nur ein einziges Buch geschrieben, aber aus irgendeinem Grund hatten Stellen wie die chinesische Regierung ihm viele Auszeichnungen verliehen, wie Ehrendoktorate und Orden. Ich erkannte, dass er China völlig gefügig und bereits ein Handlanger des Kommunismus geworden war. So etwas gibt es auch im Christentum. Unsere politische Partei bekämpft den Kommunismus, deshalb hat die chinesische Regierung diese Leute auch so manipuliert, an uns Vergeltung zu üben.

So jemand war beauftragt, das Gremium zu leiten, das unseren Antrag prüfte. Als ich erfuhr, dass er viele Ehrendoktorate und andere Auszeichnungen von China und Südkorea erhalten hatte, dachte ich, wir hätten Pech. Ich nahm an, Religionen seien seiner Überzeugung nach nur akzeptabel, wenn sie etablierte Autoritäten schützen, Religionen seien aber nicht akzeptabel, falls sie diese Autoritäten bedrohen. In Anbetracht dessen, dass er kommunistische Denkweisen in sich aufgenommen hatte, würde er offensichtlich jegliche spirituellen Phänomene bestreiten.

Im Allgemeinen muss das Gremium den Antrag überprüfen und anhand der vorgelegten Dokumentation, die die Absicht einer Universitätsgründung beschreibt, eine Entscheidung treffen. Doch sie lehnten die Gründung der HSU aus einem anderen als in der Dokumentation beschriebenen Grund ab. Happy Science veröffentlicht beispielsweise spirituelle Botschaften. Obwohl dies nichts mit dem Antrag zu tun hatte, zogen sie den Schluss, „Diese Religion veröffentlicht spirituelle Botschaften. Also ist sie nicht wissenschaftlich. Deshalb können wir die HSU nicht als Universität anerkennen". Offen gesagt, ist das nicht anderes als ein Verfassungsbruch. (Ein weiterer möglicher Ablehnungsgrund war, dass die Liberaldemokratische Partei Japans damals eine enge Verbindung zur früheren Vereinigungskirche hatte.)

Viele Religionen erhalten spirituelle Botschaften und Offenbarungen von Gott, Buddha, hohen Geistwesen und Engeln oder sie erleben spirituelle Phänomene. Solange Religionsfreiheit herrscht, kann die

Regierung eine Religion nicht für unzulässig erklären mit dem Argument, „Eine Religion, die die Erfahrung spiritueller Phänomene macht, ist nicht richtig". Das ist offensichtlich religiöse Unterdrückung. Darum war die Argumentation des Gremiums für die Ablehnung eindeutig falsch. Doch dieses Vorgehen bleibt ungestraft.

Was noch wichtiger ist, spirituelle Phänomene und das, was allgemein als spiritueller Betrug bezeichnet wird, sind völlig unterschiedliche Dinge. Spirituelle Phänomene sind die allgemeine Grundlage für das Aufkommen und die Existenz von Religion überhaupt.

Die Entscheidung des MEXT war sowohl im Hinblick auf die Verfassung als auch im Hinblick auf das Gesetz falsch. Die Zulassung von Universitäten muss als eine Rechtsentscheidung erfolgen aufgrund der Überprüfung der Dokumentation, doch sie lehnten die HSU auf der Grundlage von etwas anderem ab, als es in der Dokumentation stand – und zwar eben wegen der religiösen Aktivitäten von Happy Science. Sie haben praktisch entschieden, dass andere Religionen als die etablierten oder anerkannten alle Schwindel sind.

Doch die HSU steht unter dem Schutz von Happy Science, das eine vom Ministerium anerkannte religiöse Vereinigung ist. Von der Logik her widersprechen sie sich damit völlig. Wie es scheint, basierte die Entscheidung darauf, ob die damalige politische Verwaltung davon politisch profitieren könnte. Falls ja, würden sie den Antrag positiv beurteilen, doch sollten daraus irgendwelche politischen Nachteile entstehen, dann würden sie ihn ablehnen.

Sie lehnten die HSU also ab mit der Aussage, wir veröffentlichen spirituelle Botschaften. Wahrscheinlich redeten sie sich damit heraus, weil die Massenmedien eine solche Argumentation gut aufnehmen würden.

Außerdem sagten sie: „Wir können Ihre Universität nicht genehmigen, weil Sie in Ihrem Lehrplan für Wirtschaft viele Professoren anführen, die die Theorie der Steuersenkung vertreten." Doch akademische Freiheit gilt natürlich auch für die Wirtschaftswissenschaften. Unter dem Verfassungsrecht akademischer Freiheit können Sie Professoren haben, die Steuersenkungen befürworten, und ebenso Professoren, die Steuererhöhungen befürworten.

Im Allgemeinen hat eine schwere und drückende Steuerlast verheerende Auswirkungen auf den Geist der Menschen und treibt das Land in den Ruin. In Japan kam es in der Edo-Zeit (1603 – 1867) gewöhnlich dann zu Aufständen, wenn die Menschen mehr als die Hälfte ihrer jährlichen Ernte als Abgaben zahlen sollten. Heutzutage erhebt die Regierung de facto Steuern in allen möglichen Formen, ohne sie „Steuern" zu nennen. Sie erheben Steuern unter dem Vorwand verschiedener Gründe, etwa Rente und Versicherung. Wenn dies berücksichtigt wird, besteuert die Regierung bereits um die 50 Prozent des Einkommens der Menschen. Trotzdem hat Japan ein enormes Haushaltsdefizit angehäuft, und die Regierung muss ihre Gewohnheit korrigieren, verschuldet zu sein. Sie müssen anfangen, die Kosten zu senken und Geldverschwendung zu vermeiden. Auch die Bürger müssen fleißig arbeiten und angemessene Steuern zahlen, und die Regierung muss sicherstellen, dass sie die Steuergelder richtig ausgibt. Auf diesem Weg müssen wir unsere Gesellschaft in eine gesunde hin verändern.

Kommen wir zurück zur Theorie der Steuersenkung. Falls die Beschäftigung mit dieser Theorie dazu führt, jegliche Geldverschwendung zu überprüfen, dann hat sie Bedeutung genug. Als die Vereinigten Staaten unter Präsident Reagan und Präsident Trump Steuersenkungen durchführten, verbesserte sich ihre Wirtschaft in Wirklichkeit und die Steuereinnahmen stiegen praktisch. Deshalb kann man nicht behaupten, die Theorie der Steuersenkung sei wissenschaftlich falsch.

Die Vorstellungen dieser Theorie abzulehnen, ist nur auf die selbstsüchtige Argumentation von Beamten zurückzuführen. Mehr

Steuern bedeuten mehr Macht für Regierungsbeamte und Politiker, deshalb haben sie etwas gegen Steuersenkungen. Doch falls sie Gut und Schlecht, oder Echt und Fake, also Unecht, nur auf der Grundlage ihrer eigenen Interessen beurteilen, machen sie einen gravierenden Fehler.

Die falsche Entscheidung wegen einer Religion, die aus höllischen Motiven und politischem Druck gegründet wurde

Ich habe beschrieben, wie ich das Gremium empfand, als wir unseren Antrag zur Gründung unserer Universität das erste Mal einreichten. Als wir ihn das zweite Mal einreichten, bestand das Gremium aus anderen Mitgliedern. Der neue Vorsitzende des Gremiums war ein früherer Präsident einer Universität, die einer anderen christlichen Religionsgemeinschaft angeschlossen war (der Kirche von England). In seinem Studium hatte er ein ähnliches Fach studiert wie politische Philosophie. Wie der vorherige Vorsitzende des Gremiums hatte er nur ein einziges Buch veröffentlicht. Das war die Forschungsarbeit über Rousseau, die eine erweiterte Fassung der Forschungsarbeit war, die er als Forschungsassistent verfasst hatte. Die christliche Kirche, auf der seine Universität aufbaute, wurde im Mittelalter gegründet.

Nach unserem religiösen Verständnis wurde die Kirche aus den falschen Motiven gegründet. Sie wurde von einem König ins Leben gerufen, der sich der Kontrolle der römisch-katholischen Kirche entziehen wollte; er trennte sich von ihr, indem er sich selbst zum Oberhaupt ernannte. Weil die katholische Kirche sich in die Ehe und Scheidung des Königs einmischte, begründete er eine neue Religion, indem er selbst Priester wurde. Er war jemand, der mit dem Gedanken spielte, seine Frau zu töten, falls er sich nicht von ihr scheiden lassen könnte, und tatsächlich tötete er viele andere. Das war der geschichtliche Hintergrund dieser Religionsgründung.

Der neue Vorsitzende des Gremiums war früher Präsident einer Universität gewesen, die auf dieser Religionsgemeinschaft des Christentums basierte, und in seiner wissenschaftlichen Forschung beschäftigte er sich mit Rousseau. Wie es allgemein heißt, werden alle, die zu Rousseau forschten, irgendwann Linke.

Rousseau hatte fünf Kinder, ohne verheiratet zu sein, und er schickte sie alle in ein Waisenhaus. Das war der Mann, der in *Emile oder über die Erziehung* über eine idealistische Erziehung schrieb.

Viele Bewunderer Rousseaus entwickelten auf dieser Grundlage ihre eigenen Vorstellungen von Erziehung. Aber ich halte einen Mann, der fünf Kinder hatte, sich von deren Erziehung und Betreuung abwandte und sie alle in ein Waisenhaus steckte, von vornherein nicht für qualifiziert, etwas über Erziehung zu vermitteln. Natürlich gibt es entweder wohlerzogene oder schlecht erzogene Kinder, und sobald sie erwachsen sind, müssen sie für ihr eigenes Leben verantwortlich sein. Doch da Rousseau alle seine Kinder in noch jungem Alter in einem Waisenhaus ließ, verdient er es nicht, etwas über Erziehung zu vermitteln.

Der Vorsitzende des Gremiums war also jemand, der zu einem so verantwortungslosen Mann forschte und der früher Präsident einer an die christliche Kirche angeschlossenen Universität gewesen war, die aus einem höllischen Motiv gegründet worden war (ihr Begründer Heinrich VIII. ist jetzt ein Teufel in der Hölle). So jemand überprüfte unseren Antrag.

Währenddessen waren wir sogar politischem Druck ausgesetzt. Das Ministerium drängte uns mit der Empfehlung, wir sollten den Antrag zurückziehen, statt dass er abgelehnt werde. Darum entschieden wir uns, ihn fürs Erste zurückzuziehen und ihn nochmals zu überprüfen. Insofern hindern uns die Machtverhältnisse und weltliche Angelegenheiten daran, rein der Rechtschaffenheit nachzugehen. Wir werden nicht gern von denen beurteilt, die auf der falschen Seite stehen.

Um ihre Wahrheit zu wahren, muss Religion unabhängig sein von weltlicher Logik, weltlichem Alltagsdenken und weltlicher Macht

Wenn die herrschenden, gängigen oder etablierten Umstände sich nicht ändern lassen und falsch sind, dann können wir nicht viel machen. Auf dieser Stufe können wir nur auf unseren eigenen Füßen stehen und den Weg gehen, an den wir glauben.

Politische Kräfte üben jetzt Druck auf uns aus, indem sie den Absolventen der HSU keine Abschlüsse verleihen. Trotzdem wurden HSU-Absolventen Mitarbeiter von Happy Science oder werden als Hochschulabsolventen von Unternehmen eingestellt, die mit Happy Science in Verbindung stehen oder die Happy Science unterstützen. Wie es scheint, sind über 98 Prozent der Studenten als „Hochschulabsolventen" eingestellt worden.

Das bedeutet, wir sind *unabhängig*.

Wenn wir nicht unabhängig sind, haben wir keine andere Wahl, als unsere Grundlehren als Religion und sogar den Inhalt unserer Aktivitäten zu verdrehen. Dies ist gefährlich und als Religion dürfen wir in diesem Punkt nicht nachgeben.

Wir dürfen uns nicht weltlicher Logik und dem gängigen Alltagsdenken dieser Welt geschlagen geben.

Heutzutage gebrauchen Menschen das Wort *Demokratie*. Der US-Präsident arbeitet derzeit beispielsweise unter dem Banner, die Demokratie im Rest der Welt zu verbreiten. Aber auch Nordkorea hält sich selbst für ein demokratisches Land. Selbst China hält sich für ein demokratisches Land. Die bloße Behauptung, demokratisch zu sein, verleiht ihnen keine Legitimität. Als Nächstes ist der Inhalt ihrer „Demokratie" zu betrachten.

China versprach Hongkong zum Beispiel, sie würden nach der Übergabe 50 Jahre lang dasselbe System beibehalten. Doch nach nur 25 Jahren begann China, sein Versprechen völlig zu ignorieren. Vor der Öffentlichkeit lassen sie es so aussehen, als würden sie das System beibehalten, doch nur „Patrioten" dürfen zu Parlamentswahlen antreten. In diesem Fall bedeutet Patriot ein Mitglied oder ein Anhänger der kommunistischen Partei. Darum können Menschen, die gegen die Kommunistische Partei Chinas sind, nicht Politiker werden; und das ist gleichbedeutend damit, keine politische Freiheit zu haben. Da gibt es weder die Freiheit, zu kandidieren, noch die Freiheit, seine Stimme abzugeben. Ihre „Demokratie" ist eine reine Formalität. Dies ist ein Beispiel.

In einer Demokratie gibt es „Demokraten mit Glauben" und „Demokraten ohne Glauben".

Somit ist es schwierig geworden, die religiöse Wahrheit in dieser Welt zu verstehen, und gelegentlich sind die Wertvorstellungen der Menschen auf den Kopf gestellt worden. Religionen machen in dieser Welt oftmals Schwierigkeiten durch, weil Menschen mit weltlicher Macht oder höherem Status beträchtlichen Druck ausüben oder Ermessensentscheidungen über sie treffen können.

3 Wie die spirituelle Wahrheit in der Geschichte von den etablierten Mächten bestritten wurde

Religiöse Menschen und Schriftsteller, die verfolgt oder politisch ausgenutzt wurden

Viele heute bedeutende Religionen wurden in der Vergangenheit auch verfolgt. Denn Religionen, die darauf hinarbeiten, die grundlegenden Wertvorstellungen der Menschen zu verändern, werden immer im Widerspruch zu den bestehenden oder etablierten Mächten stehen.

a) Christen, die verfolgt wurden und ihren Glauben aufgeben sollten

In der Geschichte gab es Religionsgruppen, die innerhalb von frühestens etwa 50 Jahren von den Autoritäten anerkennt und übernommen wurden, doch selbst das Christentum wurde 200 bis 300 Jahre lang verfolgt.

Einige Jahrhunderte lang litten Christen weiter – sie wurden gekreuzigt, manchmal kopfüber, und zu Tode gesteinigt. Im römischen Kolosseum wurden Christen, nicht Gladiatoren, von Löwen gejagt und gefressen, und das war eine Aufführung. Sie wurden gezwungen, sich zu entscheiden: Entweder gaben sie ihren Glauben auf und ihnen wurde vergeben; oder sie behielten ihren Glauben und wurden von Löwen gefressen. Es gab Zeiten, da durchlebten sie eine solche Verfolgung.

In jenen Momenten kam Gott nicht herab, um sie zu retten. Darum war das in der Tat sehr hart. Doch die Menschen wurden geprüft, um festzustellen, ob sie ihren Glauben trotz all der Widrigkeiten, die sie zu erdulden hatten, bis zum Schluss beibehalten konnten.

Dies führte dazu, dass einige Religionen sich hielten, während andere untergingen.

b) Manichäismus – sein Gründer wurde bei lebendigem Leib gehäutet und getötet, und die Religion wurde in den Untergang getrieben

Ein anderes Beispiel ist der Manichäismus, der sich ausbreitete und eine Weltreligion wurde, solange sein Begründer noch lebte. Doch nachdem der Gründer bei lebendigem Leib gehäutet und getötet worden war, wurde die Religion in den Untergang getrieben.

Vielleicht meinen Sie, der Manichäismus wurde vom Christentum verfolgt, weil er später gegründet wurde. Aber wir wissen, dass es der Zoroastrianismus war, der die Todesstrafe gegen Mani verhängte. Ja, unsere spirituelle Recherche hat gezeigt, dass Mani in seinem früheren Leben Zoroaster war. So etwas kann vorkommen; Sie könnten von genau der Religion getötet werden, die Sie in Ihrem früheren Leben gegründet haben.

(c) Wie die Reinkarnation von Jesus in Dostojewskis Roman in die Verbannung geschickt wird

Auch in der christlichen Welt gibt es eine Prophezeiung, die besagt, dass Jesus verfolgt werden würde, falls er wiedergeboren würde.

Ich nehme gelegentlich Bezug auf „Der Großinquisitor" aus *Die Brüder Karamasow*. Im 16. Jahrhundert tritt ein Mensch in Erscheinung, der für die Wiedergeburt Jesu gehalten wird; er heilt die Kranken und vollbringt verschiedene Wundertaten, wie Jesus es getan hatte. Der Großinquisitor selbst weiß, dass der Mann die Reinkarnation von Jesus ist, aber er sagt sinngemäß etwa: „Wir wollen nicht, dass du zurückkommst. Jetzt, da das Kirchensystem bereits etabliert ist, ist kein Platz für dich. Wir brauchen dich nicht." Mit anderen Worten, das

Kirchensystem war bereits vom Teufel übernommen, und sie schickten den Mann in die Verbannung mit der Aussage: „Wir können dich hinrichten lassen, weil du dich in das Werk des Teufels einmischst. Doch stattdessen wandeln wir dein Urteil um und schicken dich in die Verbannung."

Die Möglichkeit, dass dies geschehen wird, liegt in der Tat bei 99 Prozent. Eine ähnliche Zwischenhandlung habe ich zum Teil in meinen Roman *Das unbekannte Stigma 1 < Das Geheimnis >* aufgenommen. Der Roman beschreibt eine Heilige – Schwester Agnes –, die in der heutigen Welt erscheint und Wunder vollbringt, wie Jesus es tat. Die christliche Kirche will ihre Kräfte nicht anerkennen, darum versucht sie zu beweisen, dass Agnes dämonische Kräfte hat. Aus Angst vor Verfolgung flieht Agnes aus der Kirche. Ich schätzte eine solche Prophezeiung und einen solchen Roman aus der Vergangenheit wert und habe sie in meinen Roman mit aufgenommen.

Das unbekannte Stigma 1 < Das Geheimnis >
[Berlin, IRH Press, 2022]

(d) Tolstoi entging der Verfolgung, indem er einen nicht-spirituellen Jesus beschrieb

Dostojewski schrieb *Die Brüder Karamasow*, und ungefähr zur gleichen Zeit lebte ein anderer berühmter Schriftsteller namens Tolstoi.

Tolstoi schrieb eine *Kurze Darlegung des Evangeliums*. In das Buch nahm er keinerlei Beschreibung mystischer Phänomene auf und stellte Jesus lediglich als einen moralischen Menschen dar. Tolstoi dachte wahrscheinlich, in Anbetracht ihres Bewusstseinsgrades würden die Menschen das leichter akzeptieren. Deshalb schrieb er so über das Christentum, um moralische Werte zu vermitteln.

Verglichen mit der Bibel im Original ist es ein recht enttäuschendes Werk. Doch damit seine Literatur anerkannt wird und damit er unter dem damaligen Regime seinen Lebensunterhalt verdiente, hatte er wahrscheinlich keine andere Wahl als die Beschreibungen der Wunder und andere mystische Phänomene in diesem Maß wegzulassen. Wahrscheinlich wurde er sich darüber klar und dachte, sein Werk würde akzeptiert und er nicht verfolgt werden, wenn er über das Christentum als eine Morallehre schrieb.

Wie dem auch sei, einige Leute protestierten anscheinend trotzdem oder hatten etwas gegen sein Vorgehen. Eine Quelle besagt, dass Umeko Tsuda, die im 19. Jahrhundert während der Meiji-Zeit in den USA studierte und nach dem Studium des Christentums nach Japan zurückkehrte, Tolstoi wirklich verachtete. Als sie seine Darlegung des Evangeliums las und sah, dass er alle übernatürlichen Phänomene weggelassen hatte, dachte sie vielleicht, „Was für ein Feigling!" Ich werde nichts weiter sagen, weil ich die Einzelheiten nicht weiß, aber vielleicht gibt es eine solche Denkweise.

Der Konfuzianismus wurde als eine gott- und seelenlose Lehre genutzt, um das Land zu regieren

Ein weiteres Beispiel ist Konfuzius. Konfuzius, der den Konfuzianismus lehrte, beeinflusst China schon seit über 2500 Jahren, doch garantiert hat sich das politische Regime seine Lehren über Erfolg im Leben nach und nach zunutze gemacht. Konfuzius sagte einmal: „Ich werde nicht über Dinge wie übernatürliche Kräfte oder geheimnisvolle Götter reden." Das Regime fasste diese Worte unverhältnismäßig auf und betonte sie allzu sehr, um den Atheismus zu fördern.

Ein andermal wurde Konfuzius zum Jenseits befragt. In *Die Gespräche des Konfuzius* sagt er an einer Stelle sinngemäß, „Wie kann ich darüber reden, was nach dem Tod passiert, wenn ich das menschliche Leben und was es bedeutet, zu leben, noch nicht völlig verstanden habe?" Die Herrscher der jeweiligen Zeit haben sich nur bestimmte Zeilen herausgesucht und herangezogen, um gottlose und seelenlose Vorstellungen zu verbreiten.

Außerdem nutzten die Herrscher Konfuzius' politische Ideen geschickt, um diejenigen in niedrigeren Positionen dazu zu bringen, den über ihnen Stehenden höchsten Respekt zu zollen und um Loyalität an die erste Stelle zu setzen. Sie machten sich diese Vorstellungen zunutze und regierten damit das Land. Darum hielten sie die kaiserliche Prüfung auf der Grundlage von *Die vier Bücher und fünf Klassiker* ab, die hauptsächlich von Konfuzius gelehrt worden sein sollen. Jetzt macht China genau das Gleiche – jeden von der Staatsführung auszuschließen, der kein „Patriot" ist.

Das kaiserliche Prüfungssystem, das man als Zulassungsprüfung oder Beamtenprüfung ansehen könnte, hatte über 1000 Jahre Bestand. Außerdem mussten Sie nahezu perfekte Noten erreichen, um die

Prüfung zu bestehen, bei der Sie zu einer den herrschenden Autoritäten genehmen Ideologie geprüft wurden. Doch selbst wenn Sie in dieser Prüfung eine hohe Punktzahl erreichen und als Wunderkind bezeichnet werden, heißt das nicht, dass Sie in Übereinstimmung mit der Wahrheit leben. In Wirklichkeit stellen die Autoritäten nur Menschen ein, die sie zu ihrem Vorteil nutzen können.

Selbst wenn religiöse Vorstellungen vermittelt werden, ziehen die Autoritäten nur die ihnen genehmen Teile heran, während sie die unbequemen Teile beiseitelassen. Obwohl Religion und Politik manche Werte gemeinsam haben, widersprechen sie sich auch. Dies ist ein schwieriges Thema.

Christliche und buddhistische Lehren über Reichtum wurden in späteren Jahren verzerrt

Religion und Wirtschaft haben ebenfalls einige gemeinsame Prinzipien, doch es gibt auch widersprüchliche Aspekte.

Der Protestantismus wurde im Vergleich zum Katholizismus deshalb so beliebt, weil das Aufkommen des Protestantismus mit dem Aufkommen des Kapitalismus einherging.

Erfolgreich im Geschäftsleben zu werden, hohe Gewinne zu erzielen und in dieser Welt zu Wohlstand zu gelangen, bedeutete nach der protestantischen Lehre, den Ruhm Gottes auf Erden zu verwirklichen. Außerdem hielten sie die Theorie der Vorherbestimmung hoch, die besagte, dass vorherbestimmt ist, ob ein Mensch erlöst wird. Das bedeutet, wenn jemand fleißig arbeitete und in dieser Welt sehr reich wurde, dann ist er von Gott gesegnet und deshalb ist er erfolgreich. Insofern erkennt der Protestantismus Reichtum als richtig an.

Katholiken hingegen haben eine Art „Allergie" gegen Geld, sie sind nicht so versessen darauf, Geld zu verdienen. Sie können bestimmt eine solche Beschreibung in der Bibel finden: „Eher geht ein Kamel durch ein Nadelöhr, als dass ein Reicher in das Reich Gottes gelangt." Wenn Sie nur diese Worte auswählen, können Sie diese Lehre in kommunistisches Denken verwandeln.

Vielerlei Lehren wurden wegen der unterschiedlichen Umstände in der jeweiligen Zeit gegeben und besonders für die damaligen Situationen übermittelt. Doch jede Lehre wurde einer bestimmten Person oder Personengruppe gepredigt. Obwohl die obige Lehre sicher für die Reichen mit einem gierigen Geist gilt, gilt sie nicht immer für die Übrigen.

Sie hing auch vom Stand Jesu zur damaligen Zeit ab. Wenn er der Leiter einer bereits bestehenden großen Gruppe gewesen wäre, hätte er vielleicht anders gelehrt. Doch er übermittelte seine Lehren, als das Christentum noch eine neue, gerade erst entstandene Religion war. Als beispielsweise ein sehr reicher Mann, der niemals Unrecht getan hatte, zu Jesus kam, sagte dieser ihm: „Geh und verkaufe, was du besitzt, und gib es den Armen." Als der Mann das hörte, ging er betrübt weg und dachte, er könne mit einer solchen Religion nicht in Verbindung bleiben. Doch Jesus übermittelte die Lehren auf einer persönlichen Basis, speziell für den einzelnen Menschen. Ich bin mir sicher, er hätte verschiedenen Menschen Verschiedenes vermittelt. Diese Lehre war nicht auf jeden zugeschnitten.

Obwohl Judäa damals praktisch bereits eine römische Kolonie war, hatten Rabbis – jüdische Lehrer – und andere sehr reiche Juden einen hohen gesellschaftlichen Rang. Darum war es ihnen damals wichtig, die bereits bestehende Autorität zu bewahren. Daher widersetzten sie sich jeglicher Vorstellung, die ihre Macht stürzen könnte. Diesen geschichtlichen Hintergrund können Jünger späterer Generationen nicht verstehen.

Im Buddhismus gibt es ein ähnliches Beispiel. Eines Tages ging Shakyamuni Buddha mit seinen Schülern einen Bergpfad entlang, und sie sahen eine Goldmünze auf dem Boden liegen. Da sagte Buddha: „Nehmt euch in Acht. Da wartet eine Giftschlange mit offenem Maul." Er sagte dies als Warnung, weil die Mönche ihre Disziplin vernachlässigen und bestechlich werden könnten, wenn sie anfingen, Münzen vom Boden aufzuheben. Diese Lehre ist geblieben, doch würden diese Worte aus dem Zusammenhang gerissen, dann würden sie einfach bedeuten „Geld ist schmutzig".

Darum sollen im Hinayana Buddhismus Mönche Geld nicht unmittelbar mit ihren bloßen Händen annehmen. Manche Gruppen leiten ihre Mönche an, ein Tuch, etwa ein Taschentuch oder eine Decke, auf dem Boden auszubreiten, wenn sie Spenden erhalten, und die Leute das Geld darauf legen zu lassen, bevor sie es einwickeln. Denn sie glauben, das Geld zu berühren, würde sie verunreinigen. Doch in Wirklichkeit sind in die Falle der Formalität geraten.

Die Gefahr, das Thema „Gut" und „Böse" auf die Spitze zu treiben

Diese Vorstellungen von Gut und Böse sind eine Frage eines allgemeinen Gefährdungsdelikts. Dazu ein Beispiel: Wenn Sie Auto fahren, können Sie in einen Unfall verwickelt werden und jemanden oder sich selbst töten. Das kann tatsächlich passieren. Aber da stimmt etwas nicht, wenn Sie so weit gehen und sagen: „Aus dem Grund sollten Menschen niemals Auto fahren."

In Japan gab es eine Zeit, in der jährlich ungefähr 10.000 Menschen – oder mehr – bei Verkehrsunfällen starben. Diese Zahl ist mittlerweile auf einige wenige Tausend zurückgegangen. Wir haben uns an diese Zahl gewöhnt, deshalb bauschen wir sie nicht auf. Doch was ist, wenn sie jemand plötzlich erwähnt und sagt: „Tausende Menschen sterben, weil Autos verkauft werden. Sollten Menschen damit Geld verdienen?" Das mag so klingen, als würden Autofirmen tödliche Waffen verkaufen.

Selbst wenn Viren grassierten, lag die Zahl der jährlichen Todesfälle in Japan bei wenigen Tausend, nicht einmal 10.000. Menschen infizieren sich vielleicht, aber sie sterben nicht leicht daran. Wenn wir jedoch annehmen, dass jedes Jahr eindeutig mehr als 10.000 Personen bei Verkehrsunfällen sterben, wie viele sind dann schon gestorben, seit es Autos gibt? Die Antwort ergibt eine nicht unerhebliche Zahl – vielleicht mehr als eine Million.

Letztlich ist es eine Frage Ihrer Denkweise. Sie könnten ein Auto als eine tödliche Waffe oder ein tödliches Gefährt ansehen, doch dieser Aspekt wiegt nicht schwerer als sein Komfort. Sie bräuchten kein Auto, wenn überall Züge fahren würden, aber an manchen Orten gibt es keine Züge. Sie können nicht überall mit dem Boot hinfahren, und selbst wenn Sie ein Flugzeug nehmen wollen, sind die Flughäfen manchmal zu weit entfernt. Deshalb ist es bequem, ein Auto zu haben, obwohl das Risiko besteht, in einen Unfall zu geraten. Darum gibt es kaum Proteste, die fordern, Autos abzuschaffen, selbst wenn Menschen bei Autounfällen ums Leben kommen könnten; sie bauen einfach darauf, dass die Versicherung die Unfallkosten abdeckt.

Um die Unfälle auf der Straße zu verringern, wurden erhebliche Verbesserungen eingeführt, zum Beispiel von Fahrtechniken bis zur Verkehrssicherheit. Einfach einen Spiegel an einer Kreuzung zu haben, kann verhindern, dass Sie mit einem herankommenden Auto zusammenstoßen; nachts die Scheinwerfer einzuschalten, kann verhindern, dass Sie in einen Unfall verwickelt werden; allein die Regel aufzustellen, auf der rechten oder linken Straßenseite zu fahren, verhindert Unfälle; etwas so Einfaches wie sich bei einer Kreuzung ordnungsgemäß an die Regeln zu halten, kann Unfälle reduzieren. Solche Anstrengungen werden unternommen.

Wie Sie sehen, gibt es beim Thema Gut und Böse schwierige Aspekte.

4 Warum niemand über Himmel und Hölle lehren kann

Das Wissen, das heutige Menschen haben sollten: Seele und die Vorstellung von Wiedergeburt

Wenn die Lehren des frühen Buddhismus wörtlich auf die heutige Welt angewandt würden, würde es zum Beispiel für falsch gehalten werden, irgendein Lebewesen zu töten. Zu Lebzeiten Shakyamuni Buddhas galten Jäger, die Vögel und Tiere in den Bergen fingen, und Fischer, die Fische in Flüssen und Meeren fingen, als in unreinen Berufen Tätige. Darum war es ihnen nicht gestattet, entsagende Schüler oder manchmal sogar gläubige Laien zu werden. Das war bedauerlich für sie, doch das zeigt, dass der Buddhismus mit einer sehr strikten Einstellung begann.

Diese Gepflogenheit hat sich bis heute gehalten. Tatsächlich ging sie vielleicht gar nicht vom Buddhismus aus; sehr wahrscheinlich wurde sie vom Brahmanismus übernommen, der dem Buddhismus in Indien vorausging.

Im Westen glauben die Menschen, nur Menschen haben eine Seele, deshalb empfinden sie keine Reue, wenn sie Tiere töten und sie essen. Seien es Schweine, Kühe oder Vögel, die Menschen glauben nicht, dass Tiere eine Seele haben, darum haben sie keine Gewissensbisse, sie zu töten und das Fleisch zu zerteilen und zu essen. Im Osten hingegen gibt es den Glauben, dass auch Tiere eine Seele haben. Einige nehmen diesen Glauben sehr ernst.

In Japan ist Rindfleischcurry bei Erwachsenen und Kindern mittlerweile ein beliebtes Nationalgericht. Doch falls ein Inder oder eine Inderin nach Japan eingeladen werden und dieses Gericht essen, ohne zu wissen, was darin ist, könnte es etwas in ihm oder ihr auslösen, sobald die Person erfährt, dass das Curry, das sie aß, Rindfleisch enthielt, und sie könnte an einem Schock sterben.

In Indien werden Kühe für Boten Gottes gehalten, deshalb töten die Menschen sie nicht. Selbst Autos machen einen Bogen um sie, wenn sie sich mitten auf der Straße hinlegen. Darum haben die Kühe in Indien einen friedlichen und himmlischen Gesichtsausdruck. Außerdem haben sie sanfte Augen. Wenn sie wüssten, dass sie gegessen würden, würde sich ihre Traurigkeit in ihrem Gesicht zeigen; doch weil diese Kühe wissen, dass sie niemals gegessen werden, ist ihr Ausdruck sanft.

In gewisser Hinsicht ist dies einer der Faktoren, der die Modernisierung verzögert. Wenn Autos anhalten, weil Kühe sich hinlegen, wäre das während der Hauptverkehrszeit ein Problem.

Wenn Sie in Indien herumreisen und Curry essen, bekommen Sie nur Tandoori-Hähnchen als Fleisch serviert. Hähnchen zu essen, scheint in Ordnung zu sein, aber keine andere Sorte von Fleisch. Abgesehen davon bekommen Sie nur Bohnen- oder Gemüse-Curry, was für Japaner vielleicht nicht zufriedenstellend ist.

Ich vermute, dies ist keine ursprünglich buddhistische Vorstellung. Es gab sie schon vor dem Buddhismus, und diesem Glauben liegt die Vorstellung der Wiedergeburt zugrunde. Die Vorstellung der Wiedergeburt besagt ursprünglich, „Diejenigen, die ein einem Menschen unwürdiges Leben geführt oder wie wilde Tiere oder Vieh gelebt haben, werden in ihrem nächsten Leben als Tiere wiedergeboren". Eine solche Vorstellung ist in den Buddhismus eingeflossen, und der Buddhismus lehnt diese Vorstellung an sich nicht ab.

In Indien sehen Sie große schwarze karpfenähnliche Fische im Fluss schwimmen. Darum wundern Sie sich vielleicht, warum die Menschen sie nicht fangen und essen, wenn die Nahrungsmittel knapp sind, doch Inder würden sagen: „Das könnte mein Opa oder meine Oma sein, deshalb kann ich das nicht." Auch dies ist ein schwieriger Anteil.

Trotzdem ist die westliche Überzeugung „Tiere haben keine Seele" tatsächlich falsch. Schafe haben eine Seele und Kühe ebenso; deswegen ist die Überzeugung eindeutig falsch. Menschen im Westen denken so, weil Jesus nicht gelehrt hat, ob Tiere Seelen haben oder nicht.

Wenn Sie die Philosophie Platons betrachten – die er als Sokrates' Gedanken aufschrieb – die Jesus einige hundert Jahre vorausging, finden Sie Beschreibungen, wie Menschen manchmal als Tiere wiedergeboren werden. Diese Beschreibungen stehen in einigen seiner philosophischen Werke. Jemand, der beispielsweise in dieser Welt ein mutiges Leben führte, wird als ein Löwe wiedergeboren werden; oder jemand, der seine Unschuld beweisen will, wird als ein Schwan wiedergeboren. Solche Beschreibungen finden sich, was heißt, dass die Menschen in der Antike ähnliche Vorstellungen von Wiedergeburt hatten. Obwohl diese Vorstellung in der Philosophie enthalten war, konnte Jesus sie in seiner dreijährigen Missionstätigkeit nicht predigen.

In der Gegend, in der Jesus lebte, war es Sitte, Worte mit Blut aufzuschreiben. Möglicherweise diente dies als ein Siegel oder Stempel. Die Menschen entnahmen Schafsblut, um Worte aufzuschreiben, und sie töteten Schafe oder Ziegen als Nahrungsquelle bei Festen oder wenn sie jemanden empfingen.

Beim genauen Unterschied zwischen Schaf und Ziege bin ich mir nicht sicher. Offensichtlich leben Schafe in Ebenen, Ziegen hingegen in den Bergen, darum unterscheiden sie sich ein wenig. Jedenfalls töteten die Menschen sie und aßen sie. Dies wurde nicht als Sünde angesehen, obwohl der Diebstahl eines solchen Tieres natürlich als Verletzung der Eigentumsrechte galt und deshalb eine Sünde war. Ein solch überlieferter Brauch hat die Wahrheit verschleiert.

Wenn ich direkt gefragt würde, „Werden Menschen manchmal als Tiere wiedergeboren?" oder „Werden Tiere manchmal als Menschen wiedergeboren?", dann müsste ich aufgrund der spirituellen Recherche, die ich jetzt im 21. Jahrhundert durchgeführt habe, mit „Ja" antworten. Trotzdem ist der Prozentsatz nicht sehr hoch; es passiert nicht einfach jedem. Es kommt als Möglichkeit, falls dies als die beste Option für eine Person angesehen wird. Darum muss ich zugeben, dass dies tatsächlich vorkommt. Ich möchte, dass Sie diese Tatsache über die Wiedergeburt wissen, wenngleich viele Leute sie heutzutage für Volkskunde halten.

Fortschritte in den Naturwissenschaften haben zu materialistischen und atheistischen buddhistischen Studien und einer solchen Philosophie geführt

Einige buddhistische Gelehrte, darunter große Gelehrte der Zeit nach dem Zweiten Weltkrieg, halten die Vorstellung, wonach Menschen als Tiere wiedergeboren werden, nur für törichte, alte Volkskunde oder für eine Parabel, um den Menschen Angst zu machen und ihnen Moral beizubringen. Vielleicht lag das zum Teil auch daran, dass buddhistische Gelehrte vor dem Zweiten Weltkrieg seit der Meiji-Zeit westliche Philosophie übernommen haben. Schlimmer noch, sie hielten an diesem Punkt nicht an und gingen noch einen Schritt weiter. Einige gehen so weit zu sagen: „Menschen haben keine Seele" oder „der Buddhismus lehrt Seelenlosigkeit. Er stellt eine Theorie des Atheismus und der Seelenlosigkeit auf." So glauben sie, das sei die Modernisierung des Buddhismus.

Doch ich würde ihnen gern sagen, „Einen Moment". Ich meine, diese Gelehrten sagen diese Dinge, indem sie nur einen Teil der Lehren herauspicken. Doch wenn ihre Vorstellungen stimmen würden, dann wäre der Buddhismus dem recht ähnlich, was Marx als Kommunismus propagiert hatte. Das heißt: „Es gibt keinen Gott und keine Seele, deshalb ist das einzig Wichtige das Glück in dieser Welt. Alle sollten gleichbehandelt werden und dieses Glück gleichberechtigt erlangen, selbst wenn das bedeutet, die durch Arbeit erworbenen Einkünfte der Menschen zu verteilen. Das ist der Weg zum Glück."

Philosophen neigen zu dieser Denkweise. Sie sind der Meinung, sobald Sie Glauben haben, glauben Sie an praktisch alles – wie es in dem japanischen Sprichwort heißt: „Ein Mensch kann sogar an einen abgeschnittenen Sardinenkopf glauben" (falls Sie Glauben haben, erscheinen sogar banale Dinge heilig). Sie meinen, der Glaube hindert Menschen daran, philosophisch zu denken.

Die Wissenschaft vertritt einen Standpunkt, wonach Sie alles anzweifeln, anzweifeln und anzweifeln müssen und wonach die Wahrheit nur in dem liegt, was Sie nicht anzweifeln können. Falls derselbe Standpunkt im Philosophiestudium vertreten wird, könnten einige Professoren genauso Sie gut auffordern, den Glauben aufzugeben. Tatsächlich wurde das in dem amerikanischen Film *Gott ist nicht tot* dargestellt. Der Film wurde ein ziemlicher Hit. Wie ich mich erinnere, basiert der Film auf einer wahren Geschichte: Ein Student mit religiösem Glauben gewann eine Debatte mit seinem Professor.

In diesem Film fordert ein Philosophieprofessor seine Studenten auf, eine Erklärung zu unterschreiben, in der sie Gott leugnen; das ist die Bedingung, um an seinem Kurs teilzunehmen. Doch ein Student weigert sich mit den Worten, „Ich bin frommer Christ, deshalb kann ich das nicht". Der Professor warnt den Studenten, er werde den geforderten Kurs nicht mit einer „1" abschließen können. Und keine „1" zu bekommen, wäre ein Nachteil, wenn es darum geht, einen guten Job zu finden oder eine Zertifizierungsprüfung abzulegen. Deshalb verlässt ihn sogar seine Freundin, mit der er eine feste Beziehung gehabt hatte. Sie fordert ihn auf, die Erklärung zu unterschreiben, doch weil er das nicht macht, trennt sie sich von ihm. Wahrscheinlich dachte sie, sie könnte einen solchen „Idioten" nicht heiraten. Sie sagte in etwa, „Unterschreib das

Papier einfach. Du kannst es dir nicht leisten, diesen Kurs zu vermasseln, wenn du in die Elite-Spur willst". Doch er zögert, weil das nicht mit seinem Glauben als Christ übereinstimmt. Dann erhält er nach und nach mehr Unterstützung, bis der Professor irgendwann geschlagen aus dem Lehrsaal geht.

Vielleicht kam der Film zum Teil deshalb gut an, weil er von einem seltenen Fall handelt. Dennoch ist dies ein schwieriges Thema. Ich vermute, das Gleiche findet in Japan auf dem Gebiet der Philosophie ebenfalls statt.

Die Naturwissenschaften haben Fortschritte gemacht und entwickeln sich auf der Grundlage des Materialismus. Das lässt es so erscheinen, als seien Religionswissenschaften, buddhistische Studien und Philosophie recht altmodisch und abergläubisch. Darum bemühen sich Menschen, die sich darauf spezialisieren, sehr, in Richtung Materialismus zu tendieren.

Wenn wir die derzeitige Situation betrachten, haben wir mittlerweile einen Punkt erreicht, an dem tatsächlich niemand über Himmel und Hölle lehren kann.

Selbst von den Lehren Shakyamuni Buddhas können manche Teile als Atheismus und Materialismus fehlinterpretiert werden. Beispielsweise veröffentlichte ein buddhistischer Gelehrter namens Hajime Nakamura *Kamigami to no Taiwa* (die japanische Übersetzung von Samyutta Nikaya Teil 1 oder Buddhas Gespräche mit Gott) sowie *Akuma to no Taiwa* (die japanische Übersetzung von Samyutta Nikaya Teil 2 oder Buddhas Gespräche mit dem Teufel) als Iwanami Taschenbuchausgabe. In diesen Originalschriften ging es nicht darum, Götter zu leugnen. Sie beschreiben, wie die alten Götter des Brahmanismus von der Kraft Shakyamuni Buddhas von Ehrfurcht ergriffen waren, nachdem sie mit ihm geredet hatten. Sie waren so ergriffen, dass sie Buddha mehrmals im Uhrzeigersinn umrundeten, um ihre Verehrung auszudrücken.

Die Schriften leugnen Götter nicht, vielmehr überliefern sie, wie sich Buddhas Autorität entwickelte nach dem Gespräch mit den Göttern, die den ethnischen Gottheiten im alten Japan entsprechen. Doch weil diese Geschichte als Leugnung der absoluten Macht der Götter fehlinterpretiert werden kann, nehmen einige diesen Punkt heraus und sagen, „Buddhismus ist Atheismus".

5 Was Himmel und Hölle Buddha zufolge trennt

Die wahre Bedeutung der Lehre: „Ein Stein geht im Wasser unter, doch Öl schwimmt"

Es gibt ein buddhistisches Sutra, das sogenannte Sutta Nipata, das als relativ genaue Aufzeichnung von Buddhas Worten gilt. Im Agama-Sutra ist es aufgeführt. Es archiviert die Geschichte von Buddhas Auseinandersetzungen mit den vorher bestehenden Religionen.

Damals hatte der Brahmanismus, der nach der Gründung des Buddhismus schließlich als Hinduismus bekannt wurde, bereits die Rituale der Feuerverehrung übernommen, die aus dem Zoroastrianismus im Westen gekommen waren. Diese Praktik der Feuerverehrungsrituale finden sich jetzt in manchen Schulen des Buddhismus; einige esoterische buddhistische Gruppen machen ein Feuer und schichten dafür Holz in Form eines Tic-tac-toe-Gitters auf. Deshalb sollte ich diese Praktik vielleicht nicht allzu sehr ablehnen. Feuer hat sehr wohl eine reinigende Wirkung und kann das Verbrennen der Sünden dieser Welt symbolisieren. Schon vor der Zeit Buddhas gab es eine Lehre, die besagt, „Wenn du ein Feuer anzündest und für das Wohlergehen deiner Ahnen betest, werden dir deine Sünden vergeben".

Um dieser Vorstellung entgegenzutreten, stellte Buddha eine neue, innovative Lehre vor. Natürlich lehnte er nicht alles zur Feuerverehrung ab, aber er sagte: „Ob du in den Himmel oder in die Hölle kommst, hängt von deinem Geist und deinem Handeln ab. Es hängt von deinen Gedanken und Handlungen ab."

Handeln bedeutet *karma*. Was Sie in dieser Welt denken und tun, prägt Ihr Karma – und dieses Karma bestimmt Ihr nächstes Leben – das ist die Grundlehre des Buddhismus.

Es sind also Ihre Gedanken und Handlungen, die entscheiden, ob Sie in den Himmel oder in die Hölle kommen. Dies kommt in einer Parabel im Agama-Sutra zum Ausdruck: „Hier ist ein Teich. Was ist, wenn Sie einen Stein hineinwerfen? Die relative Dichte eines Steins ist größer als die von Wasser, darum wird der Stein natürlich auf den Grund sinken. Wird also der Stein an der Oberfläche schwimmen, wenn die Brahmanen für ihn beten? Nein."

In der Parabel geht es um das Karma der Menschen, in diesem Fall um ihre Sünden. Sie lehrt, dass Sie wegen Ihrer schweren Sünden nicht erlöst werden können, wenn Sie in die Hölle kommen. Das ist Ihre eigene Verantwortung.

In der Parabel heißt es dann weiter: „Falls Sie hingegen einen Topf Öl in den Teich gießen und zu Ihren Vorfahren beten, dass das Öl auf den Grund des Teiches sinkt, sinkt es dann? Nein. Das Öl wird garantiert auf der Oberfläche schwimmen." Das bedeutet, das Öl hat eine geringere relative Dichte als Wasser.

Kurz gesagt lehrt die Parabel, dass diejenigen mit leichten Sünden naturgemäß auf dem Wasser schwimmen, das heißt, sie kommen in den Himmel. Diejenigen hingegen, deren Sünden schwer sind wie ein Stein, werden natürlich auf den Grund sinken. Mit anderen Worten, Sie werden nicht erlöst werden, indem Sie nur ein Feuer machen und zu Ihren Vorfahren beten. Es ist keine allmächtige Lehre, aber in gewisser Weise behandelt sie den entscheidenden Punkt. Fast alle neuen Religionsgruppen von heute, die fehlgeleitet sind, irren sich in diesem Punkt.

Die Fehler der Gottesdienste für die Ahnen und des Chanten aus Sicht der Lehre Buddhas

a) Probleme mit Religionsgruppen, die sich nur auf Gottesdienste für die Ahnen konzentrieren und die spirituelle Disziplin aufgeben

Ich werde seinen Namen nicht erwähnen, aber ein berühmter japanischer Autor, der auch Politiker war, glaubte an eine bestimmte Religion. Anscheinend hatte er über eine Million Stimmen von Leuten erhalten, die mit dieser Gruppe in Verbindung standen.

Die Gruppe konzentriert sich stark auf Ahnenverehrung. (Ich frage mich, ob den Menschen bewusst ist, dass diese Gruppe – Reiyukai [wörtlich Vereinigung spiritueller Freundschaft] eine fehlgeleitete Religion ist.)

Ich halte Ahnenverehrung an sich nicht für schlecht. Doch diese Religion macht nur Ihren Vorfahren Vorwürfe wegen Ihres Unglücks, indem sie etwa sagt: „Ihnen widerfährt gerade viel Schlechtes und Ihr Geschäft geht nicht gut, weil Ihre Ahnen noch verirrt sind." Sie sagen, Ihre Vorfahren seien der Grund, weshalb Ihre Familie nicht miteinander auskommt oder warum sie an Krankheit oder in Unfällen sterben. So geben sie den Vorfahren die Schuld an allem und kommen zu dem Schluss, dass Sie nur Ihre Ahnen verehren müssten, eine spirituelle Disziplin sei nicht nötig.

Ich sage nicht, dass Ahnenverehrung und Gottesdienste für die Ahnen schlecht sind, doch falls Sie glauben, Sie werden allein dadurch erlöst werden, irren Sie sich. Denn mit dieser Denkweise werden Sie für Ihre Gedanken und Ihr Handeln überhaupt nicht verantwortlich gemacht. Doch diese Gruppe behauptet weiterhin, „Betreiben Sie mehr Ahnenverehrung".

b) Irreführende Lehren der Nichiren-Schule und des Reines-Land-Buddhismus

Die buddhistische Nichiren-Schule hat viele Religionsgemeinschaften. Ich kann keine pauschale Aussage machen, weil einige davon Buddhas Lehren vielleicht richtig verstehen, während andere das vielleicht nicht tun. Aber einige Gruppen sagen: „Was auch immer geschieht, sei es ein Konflikt, ein Konkurs oder ein Mord, oder um welche Schwierigkeit es sich auch handelt, chanten Sie einfach *Namu-myoho-renge-kyo* (sein Leben dem Lotus-Sutra widmen)'. Es nur zu chanten, wird Sie von allem erlösen." Doch weil es zu leicht wäre, nur zu chanten, sagen manche: „Ihr Chanten genügt nicht. Chanten Sie es eine Million Mal."

Es ist eine ziemliche Übung, *Namu-myoho-renge-kyo* eine Million Mal zu chanten. Es kostet viel Energie und Anstrengung, es eine Million Mal zu chanten und dabei mitzuzählen, wie oft Sie es schon gechantet haben. So macht die Religion ihre Anhänger glauben, das Chanten werde all ihre Probleme lösen. Doch ich muss sagen, diese Lehre enthält einige Lügen.

„Namu" in *Namu-myoho-renge-kyo* bedeutet, „Hingabe geloben", und „Hokke-kyo" oder „Ho-renge-kyo" bedeutet das Lotus-Sutra. *Namu-myoho-renge-kyo* bedeutet also, „Ich gelobe dem Lotus-Sutra Hingabe".

Die zentrale Botschaft des Lotus-Sutra ist Buddhas Lehre: „Diese Welt ist hässlich und schmutzig, wie die Grube eines Sumpfes oder Schlamms. Doch aus einer so dreckigen Umgebung wächst der Lotusstängel nach oben. Selbst in einem schlammigen Teich wächst der Lotusstängel und blüht als eine wahrlich himmlische, wunderschöne weiße Blume über der Wasseroberfläche. Er bringt eine unschuldige Blume zum Blühen."

Namu-myoho-renge-kyo fasst die Lehre so zusammen: „Halten Sie, auch während Sie in dieser korrupten und schmutzigen Welt leben, Ihren Geist rein und lassen Sie Ihre Lotosblume prächtig blühen." Das besagt diese Wendung und es ist kein Fehler, ‚*Namu-myoho-renge-kyo*' zu chanten, sofern Sie dieses Verständnis haben.

> Diese Welt gleicht einem schlammigen Teich, einem Sumpf oder einem Moor.
> Wir leben in einer solch korrupten Welt.
> Wisset darum, erkennt es.
> Schaut, wir sind in einer Welt des Leidens.
> Schaut, wir sind in einer Welt der Traurigkeit.
> Doch sogar in einer solchen Welt
> können wir eine Lotosblume blühen lassen.
> Das bedeutet es, Buddhismus zu praktizieren.
> Dies müsst Ihr im Leben immer im Gedächtnis behalten.
> Das bedeutet es,
> der Rechten Lehre Hingabe zu geloben.

Sobald Sie dies verstehen, wissen Sie, wie Sie leben sollten. Diese Welt ist voll Verlockungen, die Sie zu verschiedenen Übeln führen oder die Sie verderben. Doch lassen Sie sich davon nicht anziehen. Lassen Sie einen reinen weißen Lotos blühen. Lassen Sie eine prächtige Lotosblume blühen. Das ist das Ziel Ihres Lebens.

In gewissem Sinn fasst das Chanten von *Namu-myoho-renge-kyo* die Essenz des Buddhismus gut zusammen. Falls Sie es auf dieser Ebene verstehen, ist es kein Problem, das zu chanten.

Andere Gruppen, die zum Reines-Land-Buddhismus gehören, chanten *Namu-Amida-Butsu* (Namo Amitabha Buddha) statt *Namu-myoho-renge-kyo*. Wie ich sagte, bedeutet „Namo (Namu)" „Hingabe geloben". Dieses Chanten bedeutet also, „Ich gelobe Amitabha Buddha meine Hingabe".

Amitabha Buddha ist der erlösende Buddha – der Aspekt, der Shakyamuni Buddhas Erlösung und Gnade betont. Indem Sie von Amitabha angenommen werden, werden Sie eins mit Ihm, indem Sie alles von sich selbst aufgeben. Sie widmen sich und Ihr Leben Amitabha und werden eins. Sie konzentrieren Ihren Willen also auf Amitabha, während Sie eins mit Seinem Willen werden.

Die ursprüngliche Bedeutung von *nen'butsu* ist nicht, nur die Worte „Namo Amitabha Buddha" vor sich herzusagen. Es bedeutet, über Buddha (butsu) zu kontemplieren (nen). Es bedeutet mit anderen Worten, sich Buddha im Geist vorzustellen und über Buddha zu kontemplieren. Doch weil dies schwierig durchzuführen ist, haben manche Religionsgemeinschaften ein *gohonzon* (einen heiligen Gegenstand, der das Objekt des Glaubens repräsentiert), um Buddha zu symbolisieren. In der Regel ist das eine Statue oder ein Bild Buddhas oder etwas anderes. Sie bekommen ein *gohonzon* als Substitut und beten, um mit Buddha eins zu werden, indem Sie die Schwingung Ihres Geistes auf das *gohonzon* einstimmen.

Sie beten in Ihrem Geist, „Ich bin ein Mensch mit vielen Sünden, aber ich vertraue alles Buddha an. Ich überlasse es Deinem Willen", und werden eins mit Buddha. In der Meditation stellen Sie sich Buddha deutlich in Ihrem Geist vor mit dem Wunsch, eins zu werden mit Buddha. Dadurch hoffen Sie auf einen friedlichen Tod und eine Wiedergeburt im Land Vollkommener Glückseligkeit.

Diese Vorstellung an sich ist nicht falsch. Es ist jedoch falsch, wenn Sie sie missbrauchen und zu stark betonen, indem Sie sagen: „Welches Verbrechen Sie auch begehen, Sie werden erlöst werden, indem Sie einfach *,Namo Amitabha Buddha'* chanten" oder „Sie werden erlöst werden, indem Sie einfach *,Namo Amitabha Buddha'* denken".

Angenommen, ein Mann mit einer Clownsmaske wie Joker, Batmans Erzfeind, und einem Maschinengewehr begeht viele Verbrechen; er raubt etwa Banken aus, tötet viele Menschen und zündet das gestohlene Geldbündel an. Stellen Sie sich vor, wenn Menschen denken, „Das ist kein Problem, denn er kann erlöst werden, indem er ‚*Namo Amitabha Buddha*‘ chantet". Das ist offensichtlich falsch. Falls *Namo Amitabha Buddha* dazu missbraucht wird, Menschen zum Begehen von Verbrechen zu ermuntern, dann ist diese religiöse Lehre in der Tat falsch.

Akte der Erlösung können gelegentlich unwirksam sein, wie an der Geschichte *Der Faden der Spinne* zu erkennen ist

Wenn ein Mensch, der viele Sünden begangen hat, seinen Geist neu einstellen kann, indem er seine Einstellung völlig ändert, wird das als *Bekehrung* bezeichnet.

Sie richten Ihren Geist sofort auf Buddha und streben danach, ein Mensch zu sein, der von Buddhas großer Gnade umfangen werden kann. Sie bemühen sich, von nun an richtig zu leben, und glauben an Buddha. Sie stellen sich Buddha jeden Tag vor Ihrem geistigen Auge vor. Das ist die Bedeutung von *nen'butsu*.

Denken Sie also an Buddha und leben Sie in Übereinstimmung mit Buddhas Willen. Leben Sie nicht so, dass Sie sich schämen, wenn Buddha es sieht.

Wenn Sie eine Bekehrung erleben, dann ändern Sie Ihren Sinn schlagartig und begeben sich auf den rechten Pfad, dann wird sich eine erlösende Hand nach Ihnen ausstrecken. Dies sollte geschehen; es ist nicht falsch.

Aber natürlich gibt es Ausnahmen. Da gibt es zum Beispiel eine Kurzgeschichte von Ryunosuke Akutagawa, *Der Faden der Spinne*. Die stellt ein Element der Wahrheit großartig dar.

In der Geschichte geht Shakyamuni Buddha – obwohl es in Wirklichkeit Amitabha Buddha sein sollte – im Himmel um den Lotosteich spazieren. Er schaut in den Teich hinein und sieht ganz bis zum Grund. Diese Metapher erklärt leicht verständlich, dass ein großer Tathagata mit seiner Hellsicht sehen kann, was in den Welten darunter vor sich geht.

Buddha schaut in den Teich und sieht die Hölle. In der Hölle der Lust, die sonst als Hölle des Blutteichs bekannt ist, entdeckt er einen Mann namens Kandata, der in einem Meer aus Blut und Leiden ertrinkt. Viele andere verirrte Geistwesen leiden dort auch.

In den Augen Buddhas – der in gewisser Weise allwissend und allmächtig ist – ist klar, was für ein Mensch Sie sind; mit einem einzigen Blick sieht er durch alle Ihre Leben hindurch, auch Ihre früheren Leben.

Ungeachtet dessen, was für ein schlechter Mensch Kandata war und wie viele Missetaten er begangen hatte, sah Buddha, wie er während eines Lebens eine gute Tat vollbracht hatte – und zwar folgende: Als Kandata eines Tages die Straße entlangging, sah er eine Spinne und sie tat ihm leid, deshalb ließ er sie laufen, obwohl er sie hätte zertreten können.

Buddha denkt, „Kandata hat eine gute Tat vollbracht. Er war ein vollkommener Schurke, aber einmal zeigte er Mitgefühl für ein Lebewesen. Er hatte einen Hauch von Mitleid. Zu diesem einzigen Punkt soll ihm Erlösung geboten werden". Deshalb lässt Buddha den Faden einer Spinne vom Lotosteich im Himmel hinunter, um Kandata aus der Hölle des Blutteichs zu retten.

Ein Spinnenfaden ist eine perfekte Beschreibung. Diese kunstvolle Ausdrucksweise ist ganz der Stil Akutagawas. Es ist in der Tat ein dünnes, zartes Stück Faden, der so aussieht, als könnte er an jeder Stelle reißen. Ein solcher Faden wird behutsam hinuntergelassen, bis er vor Kandata hängt, der in der Hölle ertrinkt.

„Oh, ein Spinnenfaden ist heruntergekommen", denkt Kandata und greift danach. Er glaubt, der könnte reißen, doch weil der Faden so fest ist wie eine Angelschnur, beginnt er, daran hinaufzuklettern.

Immer weiter klettert er hinauf. Er klettert noch verzweifelter, als er denkt, „Ich kann in den Himmel entkommen, wenn ich weiter hinaufkomme". Doch als er einen Moment nach unten schaut, sieht er andere Geistwesen nacheinander von unten heraufkrabbeln.

Leider hat Kandata nicht genügend Glauben. Er meint, der Faden einer einzelnen Spinne kann nur Kandata selbst retten. Spiderman rettet seine Freunde und seine Freundin mit seinem Faden, deshalb kann Spider-Mans Faden tatsächlich einen Menschen retten. Aber Kandata kann kaum glauben, dass ein so dünner, windiger Faden so viele Geistwesen tragen könnte. Er denkt, „Falls er reißt, ist das mein Ende. Dieser Spinnenfaden gehört mir".

Kandata hat nicht ganz Unrecht. Doch in dem Moment, in dem er schreit, „Leute, Hände weg! Sonst reißt er!", in dem Moment reißt er unmittelbar über seinen Händen, sodass er und alle anderen wieder in die Hölle des Blutteichs fallen. Danach geht Buddha weiter um den Lotosteich spazieren, als wäre nichts gewesen, und schon bald ist es Mittag.

Als Schriftsteller hatte Akutagawa ein erstaunliches Talent, diese Wahrheit in einer einfachen Kurzgeschichte zusammenfassen zu können. Ich vermute, Akutagawa konnte das Herz des Shakyamuni Buddha ein Stück weit verstehen.

Es genügt also nicht, nur Momente des Glaubens zu haben und den rechten Pfad beschreiten zu wollen. Sofern es Ihr starker Wunsch ist, nur sich selbst zu retten, und Sie denken, „Mir ist egal, was mit anderen Menschen geschieht. Solange ich gerettet, erlöst bin, ist es gut", dann wird die helfende Hand „unwirksam" werden.

Sagen wir, Sie haben an einem Schrein oder Tempel ein Glückslos gezogen und Sie zogen „Großes Glück". Dann denken Sie vielleicht, „Oh, ich bin froh, dass ich ‚Großes Glück' habe. Aber nur ich sollte das haben, andere sollten es nicht ziehen". Sie sind entschlossen, dass es nicht noch weitere Glückslose mit „Großes Glück" geben sollte, deshalb betreten Sie den Schrein oder Tempel, öffnen alle Glückslose und schreiben alle Lose mit „Großes Glück" um in „Potenzielles Glück"" oder in „Kleines Glück". So bewahren Sie das Glückslos „Großes Glück" nur für sich.

Stellen Sie sich einfach einen solchen Menschen vor. Ist so jemand nicht unanständig? Manche denken vielleicht, „Ich ertrage es nicht, wenn andere glücklich werden. Nur ich sollte glücklich sein", doch Menschen mit einem derartigen Denken sind so egoistisch, dass sie es nicht wert sind, erlöst zu werden. Vielleicht stimmen Sie zu.

Je mehr Gutes Sie tun, desto leichter werden Ihre Sünden werden. Falls Sie aber zu wetteifernd und selbstsüchtig bis zu dem Punkt sind, an dem Sie andere schlechtmachen oder ihn oder sie loswerden wollen, damit nur Sie allein glücklich sein können, dann wird Ihre Chance auf Erlösung „unwirksam" werden. Ihr Wille, nach der Wahrheit zu streben oder Ihr bekehrter Geist wird keine Bedeutung haben. Bitte nehmen Sie dies zur Kenntnis. Dies ist ein grundlegender Punkt.

Wie ich bereits sagte, ist dies die Grundregel: Ein Stein sinkt auf den Grund des Teiches, während Öl auf der Wasseroberfläche schwimmt. Mit anderen Worten, falls Sie mit guten Gedanken und guten Taten leben, werden Sie natürlich in den Himmel kommen. Falls Sie jedoch Verbrechen begangen haben oder mit vielen schlechten Gedanken und Taten gelebt haben, werden Sie auf den „Grund des Teiches" sinken.

6 Wie werden Ihre Sünden nach dem Tod bewertet werden?

Alle Ihre Vergehen werden im Jenseits im Spiegel, der das Leben widerspiegelt, gezeigt werden

Einer der Gründe, warum Himmel und Hölle existieren, ist, zu verhindern, dass Menschen den Maschen oder den Regeln der Spirituellen Welt entkommen, obwohl sie es vielleicht geschafft haben, den Maschen des Gesetzes dieser Welt zu entrinnen, und sie meinen, am Ende recht zu haben.

In dieser Welt begehen manche Menschen einen Mord und werden zum Beispiel zum Tode verurteilt, zu einer lebenslangen Haftstrafe oder zu 20 Jahren im Gefängnis. Solche Menschen, die bereits zu Lebzeiten für ihre Verbrechen gebüßt haben, werden ihre Sünden ein wenig verringert haben. Sie sind vielleicht nicht völlig von weiterer Bestrafung ausgenommen, aber ihre Sünden werden ein wenig erleichtert.

Andere hingegen begehen in dieser Welt einen Mord, ohne erwischt zu werden. Solche Menschen meinen vielleicht, „Ich bin davongekommen. Was für eine Erleichterung. Es ist mir gelungen, meinen ehrenvollen beruflichen Status bis zum Ende durchzuhalten". Doch Yama[1], auf Japanisch auch Enma genannt, der Besondere Richter der Hölle, existiert zweifellos in der anderen Welt, und er wird all ihre sündhaften Taten aufzeigen.

Seit Alters gibt es einen Spiegel, der das Leben widerspiegelt. Heutzutage mag er wie eine Filmleinwand sein oder ein Fernsehbildschirm

---

1 Der Besondere Richter der Hölle im Buddhismus und Hinduismus. Kürzlich hat Happy Science offengelegt, dass Yamas in der Spirituellen Welt mehrerer Länder existieren, darunter auch in Japan.

oder auf DVD statt ein Spiegel. Er zeigt nacheinander die Hauptthemen Ihres Lebens. Sie schauen sich das selbst an und haben keine andere Wahl, als über Ihr Leben zu reflektieren. Auf der Grundlage dieses „Beweises" werden Sie dann gefragt, „Was hältst *du* von so einem Menschen?"

Während der Vorführung sind auch Ihre Verwandten, Freunde und andere vor Ihnen Verstorbene anwesend, wie die Jury, und auch sie äußern ihre Meinung. Ihr Leben wird gezeigt werden, bis Sie es akzeptieren können und denken, „Nun ja, ich schätze, ich komme in die Hölle". Dann beginnt eine „Tour durch die Hölle". Das werden Sie erleben. Selbst falls es Ihnen also gelingt, durch die Maschen des Gesetzes dieser Welt wie das Strafgesetzbuch zu schlüpfen, kommen Sie nicht davon.

Selbst wenn Sie an Himmel und Hölle glauben, denken Sie vielleicht, nur Verbrecher kommen in die Hölle. Oder Sie meinen möglicherweise, neben Verbrechern kommen vielleicht Menschen in die Hölle, die gegen das Zivilgesetz verstoßen haben, indem sie sich etwa weigerten, ihre zahlreichen Schulden zu zahlen, und davonliefen. Trotzdem sind einige Gesetze in dieser Welt falsch; es gibt sogar Gesetze, die nur erlassen wurden, damit bestimmte politische Parteien leichter Wahlen gewinnen. Deshalb lässt sich nicht sagen, dass alle Gesetze gerecht sind.

Menschen neigen zu dem Denken, dass gesetzestreu lebende Menschen gute Menschen sind, während die, die nicht so leben, schlechte Menschen sind. Wir können sagen, dass dies im Allgemeinen zutrifft. Aber wir sind nicht sicher, ob die Gesetze, zum Beispiel in China oder Nordkorea, überhaupt gerecht sind; in diesem Fall gibt es Spielraum für Überlegungen. Trotzdem werden die Vergehen, die nicht anhand der Gesetze dieser Welt bestraft wurden, in der anderen Welt bewertet werden.

Symbolisch gibt es Wesen, die als Enma-sama oder König Yama und Bestrafer (Oger) bekannt sind. Früher meinten die Menschen, rote und blaue Oger kämen nur in alten Geschichten vor, doch unsere neuesten spirituellen Botschaften des „Roter Bestrafer" belegen, dass es sie wirklich gibt – sie sind reale Wesen. In den Augen der Sünder sehen sie höchstwahrscheinlich wie rote oder blaue Oger aus, doch anderen erscheinen sie wahrscheinlich völlig anders. Die Bestrafer sehen vielleicht aus wie Ankläger, König Yama hingegen vielleicht wie ein Richter. An Orten wie der Hölle sieht die Welt anders aus, je nach dem Geist der Person. Was Sie sehen, ist vielleicht nicht, was es wirklich ist, doch sicher ist, dass ein Urteil gefällt wird.

Die „Tour durch die Hölle" existiert auch. Es gibt zahlreiche unterschiedliche Höllen, die jeweils der begangenen Sünde entsprechen. Sie durchlaufen sie nacheinander.

Selbst in den 2000er-Jahren sage ich, dass dies zutrifft. Es gibt praktisch niemanden, der dies heute sagen kann, darum muss ich es selbst sagen.

Es ist wichtig, Glauben zu haben, aber das allein ist natürlich nicht alles. Glaube ist insofern wichtig, als er Ihnen hilft, in die richtige Richtung zu steuern, doch das heißt nicht, „Solange Sie Glauben haben, können Sie alle in den Himmel kommen".

Dies lehrt das Christentum jedoch im Allgemeinen. Sie sagen: „Wenn Sie den christlichen Glauben haben, kommen Sie in den Himmel. Wenn Sie keinen christlichen Glauben haben, kommen Sie in die Hölle." Als die Leute dies hörten, begannen sie zu fragen, „Wenn dem so ist, was ist dann mit den Menschen, die lebten, bevor es das Christentum gab? Werden die nicht erlöst werden?" Um diese Frage zu lösen, führte das Christentum die Vorstellung des „Fegefeuers" ein.

Fegefeuer ist das Gleiche, was Japaner im Allgemeinen unter „Hölle" verstehen. In Japan glauben die Menschen, dass Seelen in der Hölle in den Himmel zurückkehren können, sofern sie eingehend über sich selbst reflektiert und für ihre Sünden gebüßt haben. Damit entspricht die Hölle, die sich Japaner vorstellen, großenteils dem Fegefeuer. Christliche Kirchen hingegen bezeichnen das „Fegefeuer" als einen Ort, von dem Seelen in den Himmel zurückkehren können, nachdem sie bereut haben. Und als „Hölle" wird eine Welt bezeichnet, aus der Seelen niemals aufsteigen können.

Diese letztgenannte Art von Hölle existiert tatsächlich. Seelen, die zu Teufeln geworden sind, kommen mit der geringsten Wahrscheinlichkeit in den Himmel. Diejenigen, die Teufel geworden oder in die Abgrundtiefe Hölle gekommen sind – ein Ort, der sich mit dem Grund des tiefsten Brunnens vergleichen lässt –, werden nicht so leicht herauskommen können. Ideologische Kriminelle, die viele Menschen in die Irre führten, können nicht herauskommen. Solche Fälle gibt es, und ich möchte, dass Sie dieses Wissen haben.

Menschen, die an den Materialismus glauben, enden häufig als erdgebundene Geistwesen

Über die verschiedenen Aspekte der Hölle gibt es viel mehr zu sagen, und ich kann hier nicht über alle reden. Doch einen neuen Punkt würde ich gern anfügen.

Viele von Ihnen denken vielleicht, „Wenn Menschen sterben, verlassen sie diese Welt und gehen an einen völlig anderen Ort – entweder Himmel oder Hölle". Doch heutzutage herrschen materialistisches und wissenschaftliches Denken vor und wird vom Bildungssystem vermittelt, darum glaubt eine ungeheure Anzahl von Menschen, dass die andere Welt gar nicht existiert. Für diejenigen, die nicht an die andere Welt glauben, gibt es weder Himmel noch Hölle. Darum haben sie keinen Ort, an den sie nach ihrem Tod gehen. Weil sie nirgendwo hingehen können, ist diese dreidimensionale Welt, bekannt als die Welt der Phänomene, der einzige Ort, an dem sie sich aufhalten können. Sie können weder Himmel noch Hölle erkennen, deshalb bleiben sie weiterhin in dieser Welt.

Diese Seelen glauben, sie leben noch in dieser dreidimensionalen Welt. Sie meinen, „Die Leute können einfach meine Stimme nicht hören", „Ich weiß nicht, warum, aber ich kann durch Wände gehen", „Aus irgendeinem Grund scheine ich an Menschen nicht anzustoßen, sondern kann durch sie hindurchgehen", oder „Ich bin jetzt in einer rätselhaften Welt, aber ich bin wahrscheinlich krank oder habe Halluzinationen". Es gibt viele solche Seelen und ihre Zahl steigt enorm.

Wir können sagen, auch das ist eine Art Hölle.

Die Hölle existiert also nicht getrennt von dieser Welt. Seelen, die als böse bewertet wurden, sind in der Hölle, aber diejenigen, die sich ihres eigenen Todes nicht bewusst sind und in dieser Welt bleiben, sind auch in einer Art Hölle. Bitte verstehen Sie es so. Tatsächlich gibt es viele solche Seelen – sehr viele sogar.

Einige von ihnen werden erdgebundene Geistwesen und spuken in Hotels, Schulen oder an Bahnübergängen herum, wo sie sich das Leben nahmen. Andere besetzen vielleicht die Person, die sie bei einem Autounfall überfahren hat. Wie dem auch sei, viele Geistwesen begehen viele Missetaten. Das ist die Hölle in dieser Welt. Sie leben genau so, als ob sie in der Hölle wären. Dies müssen Sie wissen.

In diesem Kapitel „Einführung in die Hölle" habe ich einen Überblick über die Hölle gegeben. Ich glaube, ich muss bei ihren konkreten Lehren weiter ins Detail gehen.

KAPITEL ZWEI

DAS GESETZ DER HÖLLE

*Das Urteil Yamas, das Sie
nach dem Tod erwartet*

1 Yamas Denken, das die Menschen heute kennen sollten

Im Prinzip kommen diejenigen ohne Glauben in die Hölle

Diese Lehrrede mit dem Titel „Das Gesetz der Hölle" ist wahrscheinlich eines der wichtigen Kapitel dieses Buches. Der Titel „Das Gesetz der Hölle" mag zu allgemein und schwierig klingen, aber um es anders auszudrücken, es geht um die wahren Gedanken Yamas. Ich möchte über etwas reden, was Ihnen wirklich helfen wird, nämlich die Wirklichkeit, wie Sie nach dem Tod beurteilt werden.

Im Allgemeinen hält sich diese Welt an das Prinzip der Rechtmäßigkeit; danach gibt das Gesetz die Art von Strafe an, die Sie für bestimmte Handlungen, die Sie unternehmen, bekommen. Dann werden die, die dagegen verstoßen, in der Regel Kriminelle. Doch weil die Menschen in der heutigen Welt nicht nur ihren Glauben verloren haben, sondern auch die religiöse Wahrheit nicht studieren und es ihnen an Moral mangelt, mag es kaum jemanden geben, der Aussagen hören will wie, „Wenn Sie dies tun, kommen Sie in die Hölle".

Für die Mehrheit der Menschen heute sind die Hölle vielleicht die negativen Ereignisse, die sie in dieser Welt erleben. Wenn sie zum Beispiel weltliches Unglück durchmachen, indem sie etwa ihren Arbeitsplatz verlieren, eine Liebe verlieren und darum todunglücklich sind, Gewalt erleiden oder getötet werden, dann bezeichnen sie das als „Hölle" oder fühlen sich, als wären sie „in einer höllischen Situation gefangen".

Die Wahrheit ist jedoch, dass es das Schicksal aller ist, zu sterben. Da gibt es keine Ausnahme. In der heutigen Zeit leben Sie vielleicht höchstens bis zum Alter von 120, aber Sie können dem Tod nicht entrinnen; jeder, der geboren wurde, wird definitiv sterben. Gleichgültig, welche Fortschritte die Medizinwissenschaft macht, sie kann den Tod nicht besiegen – hundertprozentig. Wenngleich es möglich ist, den Tod der Menschen hinauszuschieben oder ihren Zustand vorübergehend zu verbessern, ist es unmöglich, einen Menschen zu erschaffen, der niemals stirbt. Die einzige Möglichkeit, wie es unsterbliche Menschen geben könnte, bestünde darin, etwas wie unverwüstliche Roboter zu erschaffen; doch selbst Roboter gehen irgendwann kaputt, es geht ihnen der Sprit aus, oder sie stehen vor anderen Problemen und werden nicht mehr benutzt.

Die weitaus meisten Tiere haben eine kürzere Lebenserwartung als Menschen, deshalb erleben wir im Leben wahrscheinlich den Tod von Tieren, einschließlich den von Haustieren wie Hunden und Katzen. Wir erleben auch den Tod anderer Tiere, die unsere Nahrung werden. Um ein bekanntes Beispiel anzuführen, selbst Kinder, die im Sommer Insekten wie Riesenkäfer oder Hirschkäfer fangen und sammeln, verstehen mit der Zeit die einfache Bedeutung des Todes, indem sie mit ansehen, wie diese Tiere sterben.

Was sollten Sie also tun oder wie sollten Sie denken? Der erste zentrale Punkt ist: Diejenigen ohne Glauben kommen im Prinzip in die Hölle.

Mit Glauben meine ich in meiner Ausführung nicht speziell, einer bestimmten Religionsgemeinschaft oder einer bestimmten Religion anzugehören. Menschen mit Glauben könnten zum Beispiel auch diejenigen sein, die wirklich an die Existenz von Gott, Buddha, hohen Geistwesen, Engeln des Lichts und Bodhisattwas glauben, unabhängig davon, ob sie das klar in Worten ausdrücken können.

Sie könnten auch die sein, die denken, „Vielleicht kommen Menschen, die Unrecht getan haben, in die Hölle. Die angemessene Lebensweise für Menschen ist, Gutes zu tun, und es ist wünschenswert, dass gute Menschen in der anderen Welt glücklich leben". Wenn das

Urteil gefällt und entschieden wird, ob man in den Himmel oder in die Hölle kommen sollte, kommen diejenigen ohne solche religiösen Überzeugungen im Grunde genommen in die Hölle.

Ungläubige und unverständige religiöse Fachleute enden in der Hölle

Wir kommen in eine Zeit, in der sich Menschen bei allem auf weltliche Lösungsmöglichkeiten verlassen. Das führt zu Problemen.

Einige Leute meinen etwa, beim Rezitieren eines Sutras gehe es um den Klang. Heute gibt es Agenturen, die die Rezitation eines Sutras durch einen geübten Mönch aufnehmen, Robotern einprogrammieren und diese dann statt des Mönchs zu Beerdigungen schicken. Sie bieten solche Dienstleistungen an, wobei der Preis offensichtlich je nach Länge des Sutras variiert. Sie verlangen beispielsweise 200.000 Yen (ungefähr 1400 €) für eine Stunde und sagen ihren Kunden: „Es kostet Sie zwischen einer und zwei Millionen Yen (rund 7000 bis 14.000 €), einen Mönch zu buchen, vielleicht sogar drei oder vier Millionen Yen. Unser Service ist erschwinglicher." Sie sehen sich selbst als Discounter und arbeiten wie ein Dienstleistungsunternehmen.

Doch alle an diesem neuen Servicebeteiligten – das sind die Entwickler der Roboter, die Verkäufer dieser Roboter, die Dienstleister sowie Kunden, die diesen Service in Anspruch nehmen – ich lasse sie alle in die Hölle kommen. Ich werde ihnen mit Sicherheit nicht vergeben. Die Menschen, die in dieser Branche arbeiten, geben den materialistischen Werten in der Welt nach, um zu überleben; das heißt, sie ignorieren die spirituelle Welt und die Essenz von Buddhas Wahrheit und verwandeln religiöse Dienstleistungen in weltliche Aufgaben. Doch das werde ich niemals gestatten. Ein Sutra zu rezitieren, ist etwas anderes, als wenn ein Musiker ein Lied singt, darum darf das nicht gleichbehandelt werden.

Wenn ein Sutra von jemandem rezitiert wird, der dessen Essenz versteht, hat es einen gewissen Wert; die Toten werden in den Himmel geschickt oder vielleicht kommt während der Rezitation des Sutras ein Führungsengel oder Bodhisattwa. Doch wenn das Sutra von jemandem rezitiert wird, der es überhaupt nicht versteht, selbst wenn es ein Berufsmönch ist, dann wird seine Rezitation nicht wirken. Falls diese Mönche weder an die andere Welt noch an den Wert des Sutras glauben noch seinen Inhalt verstehen und ihre Arbeit nur wie einen beliebigen gewöhnlichen Job erledigen, dann unterscheiden sie sich nicht von unfähigen Ärzten. Selbst Mönche kommen im Prinzip in die Hölle, wenn sie ungläubig sind, lügen oder Menschen täuschen.

Das Gleiche gilt für die Pfarrer und Priester in Kirchen. Einige von ihnen sind ungläubig; trotzdem übernehmen sie eine Kirche als Familienunternehmen, um ihren Lebensunterhalt zu verdienen und ihre Familie zu ernähren.

Pfarrer dürfen heiraten und Kinder haben, weil sie Kinder brauchen, die ihren Beruf übernehmen, doch nicht jeder, der diesen Beruf ergreift, hat Glauben. Manche machen einfach ihren Abschluss an einer theologischen Fakultät als reine Gewohnheit und lernen etwas über Gott, damit sie ihr Dach über dem Kopf behalten können. Bedauerlicherweise werden diese „Fachleute", die die Religion zu ihrem Beruf machen, ohne ihre Essenz zu kennen, in die Hölle kommen. Ich werde ihnen nicht vergeben.

In Wirklichkeit sind solche „in der Religion Tätigen" in der Hölle aktiv, weil dort viele Seelen erlöst werden wollen. Noch einmal, diese in der Religion Tätigen predigen falsche Glaubenslehren und Lehren in der Hölle und verwirren diese Seelen; dadurch verlängern sie deren Aufenthalt in der Hölle, statt sie zu erlösen. Im Prinzip werde ich ihnen nicht vergeben. Sie werden härtere Konsequenzen zu spüren bekommen. Falls sie weiterhin viele Menschen in die Irre führen, selbst nachdem sie in die Hölle gekommen sind, geraten sie nur noch tiefer in eine noch schmerzlichere Welt.

Deshalb werden Sie als Erstes danach beurteilt werden, ob Sie Glauben haben oder nicht, oder ob Sie eine Art Überzeugung oder Geisteszustand haben, die bzw. der vielleicht nicht genau Glauben, aber etwas Ähnliches ist.

Das Gericht Yamas hat die Aufzeichnungen aller Gedanken, Handlungen und Ihrer inneren Stimme zu Ihren Lebzeiten

Als Nächstes werden Sie veranlasst werden, auf Ihr Leben als Mensch zurückblicken und Ihre Gedanken und Handlungen werden angeschaut werden. Handlungen sind relativ leichter zu beurteilen als Gedanken. Die Gesetze und Vorschriften in dieser Welt legen fest, was Sie nicht tun dürfen, etwa Verbrechen und illegale Handlungen begehen. Das ist also recht offensichtlich.

Doch es gibt andere Missetaten, die viele Menschen begehen und dabei denken, „Es ist in Ordnung, solange es niemand bemerkt". Dennoch werden auch diese Handlungen, bei denen die Leute dachten, sie würden damit davonkommen, ohne dass sie jemand herausfindet, nach dem Tod alle aufgedeckt werden. Ihr Leben wird auf einem „Das Leben reflektierenden Spiegel" oder als ein „Video-Clip" ihrer Lebensereignisse dargestellt werden, und sie erfahren, zu welchen Punkten sie reflektieren und welche ihrer Handlungen sie bereuen müssen.

Doch nicht nur die Missetaten werden beurteilt werden. An Yamas Gericht werden sowohl die guten als auch die schlechten Taten noch einmal angeschaut werden. Sie werden verglichen und nach dem Gewicht beider wird ein Urteil gefällt.

Deshalb könnte sogar Mördern eine gewisse Milde gewährt werden, wenn sie auf der Erde ausreichend bestraft wurden und sie sich während ihrer langen Gefängnisstrafe rehabilitieren konnten oder wenn sie gewissenhaft daran gearbeitet haben, nach ihrer Rückkehr in die Gesellschaft ein neues Leben zu beginnen. Das Gleiche gilt für hingerichtete Verbrecher. In den meisten Fällen werden sie nicht sofort in den Himmel zurückkehren können, doch wenn sie ihr Leben bereuen und erkennen, dass sie als Menschen versagt haben, dann gehen sie in eine Art Einrichtung für Selbstreflexion, um Führung zu erhalten und für eine gewisse Zeit zurückzublicken und über sich selbst zu reflektieren. Sobald diese Zeit vorüber ist, können sie in den Himmel kommen.

In anderen Fällen jedoch wird der Besondere Richter der Hölle niemals über Menschen hinwegsehen, die nach dem Motto handeln und denken, „Es ist in Ordnung, weil niemand weiß, was ich getan habe". Dies sind Menschen, die unbemerkt Morde und Überfälle verübten oder Rechtsverletzungen begingen, diejenigen, die hinter den Kulissen agierten und nicht erwischt wurden, oder diejenigen, die Raubüberfälle, Diebstähle und andere Straftaten begingen, ohne von der Polizei verhaftet oder vor Gericht gestellt wurden. Es gibt auch clevere Kriminelle, die andere Menschen geschickt dazu heranzogen, das Verbrechen zu begehen, die vorgaben, nichts damit zu tun zu haben, und die nie erwischt wurden. Solche Menschen wird Yama *niemals* davonkommen lassen.

In dieser Welt kann ein Mensch nicht ohne Beweise verurteilt werden, doch vor Yamas Gericht werden alle Beweise spirituell gezeigt werden, weil alles, was Sie in Ihrem Leben als Mensch taten und dachten, aufgezeichnet ist. Wenn Sie diese Aufzeichnungen anschauen, werden Sie feststellen, dass sie hauptsächlich vom Blickwinkel Ihres Schutzwesens gemacht wurden. Einige davon sind aus Ihrem eigenen Blickwinkel aufgezeichnet, doch die Tatsache, dass Sie sich selbst auf der Leinwand sehen können, bedeutet, dass jemand Sie vom Standpunkt einer dritten Partei aus beobachtete. Darum können Sie im Allgemeinen annehmen, dass das Schutzwesen jedes Menschen das Leben dieser Person filmt und aufzeichnet. Und diese Aufzeichnungen enthalten sogar Ihre innere Stimme.

Sie bekommen eine gekürzte Version dieser Aufzeichnung zu sehen und müssen durch sie Ihr ganzes Leben noch einmal betrachten. Insofern werden Ihnen die Beweise in der anderen Welt präsentiert. In dieser Welt werden Sie vielleicht nicht ohne die Zuarbeit der Polizei, Zeugenaussagen oder Ihr eigenes Geständnis verurteilt werden. Gelegentlich muss das Team der Spurensicherung wissenschaftliche Belege finden, um nachzuweisen, dass Sie schuldig sind.

In der anderen Welt jedoch werden alle Beweise vor Ihnen dargestellt. Selbst wenn Sie verschiedene Taten vergessen, die Sie begingen, als Sie älter wurden, werden Sie sich an jede einzelne erinnern, wenn Sie in die andere Welt zurückkehren.

Die Zeitmessung dort unterscheidet sich ziemlich davon, wie die Uhr in dieser Welt tickt. Vielleicht haben Sie von Bergsteigern gehört, die stürzen und vor ihrem Aufprall innerhalb weniger Sekunden einen Flashback ihres ganzen Lebens erleben. So ist es. Ihnen werden nicht die gesamten 60 Jahre Ihres Erdenlebens gezeigt werden, sondern nur eine Reihe wichtiger Punkte, die angesehen werden müssen. So wird Ihr ganzes Leben in extrem kurzer Zeit angesehen werden.

Damit ist der Prozess des Besonderen Richters der Hölle, der durchgeführt wird, bevor Menschen in die Hölle geschickt werden, fair. Ausnahmslos jede einzelne Handlung und jeder einzelne Gedanken der Menschen in dieser Welt ist aufgezeichnet.

Diese Aufzeichnungen existieren auch in Ihrer eigenen Seele. In der Vergangenheit verwendete ich den Begriff „Gedanken-Tonband“ zur Beschreibung; es ist wie ein Kassettenrekorder. Alle Ihre inneren Stimmen und die Handlungen, die Sie durchführten, werden aufgezeichnet, als würden sie gefilmt werden; daher kann jeder, der das Gedanken-Tonband lesen kann, sofort sagen, was für ein Mensch Sie sind.

Früher waren Schallplatten beliebt; Sie mussten die Schallplatte abspielen und sich eine ganze Stunde lang die Musik anhören, um sagen zu können, was für eine Art von Musik es war. Doch entsprechend den Gesetzen der anderen Welt können wir sofort die „Art von Melodie" von jemandem angeben, indem wir einfach die Rillen auf seiner oder ihrer „Schallplatte" anschauen. Insbesondere Geistwesen auf höheren Ebenen oder hohe Geistwesen können sie sofort lesen und sagen, wie ein Mensch gelebt hat.

Falls die Person, die beurteilt wird, von ihrem Urteil noch nicht überzeugt ist, dann werden vielleicht ihre verstorbenen Bekannten, wie ihre Freunde, Verwandten oder Opfer spirituell eingeladen. Falls die oder der Bekannte des „Beschuldigten" noch lebt, dann wird vielleicht das Schutzwesen dieser Person als Zeuge herbeigerufen. Möglicherweise wird es gefragt: „Das sagt er. Ist das wahr?" Eine solche Nachforschung wird durchgeführt.

Sagen wir, jemand zahlte viele Jahre lang seine Miete nicht und tötete seine Vermieterin, weil er immer wieder aufgefordert wurde, die Miete zu zahlen, wie in dem Roman *Schuld und Sühne*. Selbst wenn die Polizeiermittlung den Mörder nicht finden konnte, kann Yama das Geistwesen der Vermieterin herbeirufen und dem Mörder von Angesicht zu Angesicht gegenüberstehen lassen. Dann kann Yama fragen: „Was ist wirklich geschehen?" Und das Geistwesen der Vermieterin könnte antworten: „Ja, dieser Mensch hat mich getötet. Ich bin sicher, er war es." In diesem Fall ist die Beweislage klar. Auch dem Mörder wird dann ein Ausschnitt aus der Mordszene gezeigt.

Sie kommen also nicht davon, wenn Sie Schlechtes tun.

Was ist hier der zentrale Punkt? In der Realität ist es als Mensch schwierig, zu leben, ohne irgendetwas Schlechtes zu tun. Das Leben ist ein Arbeitsbuch mit Problemen, die zu lösen sind. In diesem Sinne bedeutet schlecht zu handeln, dass Sie beim Lösen der Probleme Fehler gemacht haben. Doch das Wichtige ist, dass Sie Punkte erzielen. Sie verlieren vielleicht einige Punkte ein, aber Sie müssen darauf hinarbeiten, die erzielten Punkte zu erhöhen und die Punktzahl für „Bestanden" im Leben zu erreichen.

Meinen Sie, Sie leben richtig, wenn Sie im Licht des rechten Glaubens, des Gesetzes dieser Welt oder der menschlichen Moral betrachtet werden? Was würden Ihre Eltern denken? Was würden Ihre Nachbarn denken? Was würden Ihre Kollegen denken? Was würde jemand mit einem höheren Bewusstsein denken? Bitte denken Sie über diese Punkte nach.

2 Die Sünde ideologischer Krimineller wiegt schwer

Auf falsche Rede steht ein hartes Urteil

Die in dieser Welt bei Verbrechen gefällten Urteile enthalten viele Fehler. Beispielsweise glauben vielleicht einige Herausgeber wöchentlich erscheinender Klatschzeitschriften, sie spielen die Rolle Yamas in dieser Welt. Gestützt auf diese Überzeugung versuchen sie, auf das Fehlverhalten von Menschen Jagd zu machen.

Manche ihrer Artikel haben nicht ganz Unrecht, darum könnte ihr Urteil abgemildert werden, aber sie veröffentlichen auch falsche Artikel. Sie meinen vielleicht, sie handeln wie Yama, doch falls sie weiterhin Menschen herabwürdigen oder verletzen oder mit erfundenen Geschichten in die Ecke treiben, sodass sie ihren Job verlieren, kommen sie in die Hölle. Über 90 Prozent der Chefredakteure von Wochenzeitschriften sowie die Direktoren und die verantwortlichen Entscheider, über welche Geschichten in Fernsehsendungen oder in Zeitungen berichtet werden soll, sind mittlerweile in der Hölle.

Heutzutage baut die Demokratie auf der öffentlichen Meinung auf, doch es ist eine „fehlerbehaftete Demokratie", wenn die öffentliche Meinung an sich falsch ist. Darum nimmt die Bevölkerung in der Hölle ungeheuer zu. Das ist wirklich problematisch. Dazu kommt noch, dass es in vielen Fällen fast unmöglich ist, die Menschen von ihren Fehlern zu überzeugen, nachdem sie in die Hölle gekommen sind; darum haben wir Schwierigkeiten. Sie werden mit den falschen Gedanken indoktriniert, weil diejenigen mit der Autorität, in dieser Welt Urteile zu fällen, falschliegen.

Meiner Ansicht nach begehen nicht viele Universitätsprofessoren Verbrechen in dieser Welt; doch sofern sie die falschen Vorstellungen lehren, werden ihre Studenten „verunreinigt" und diese „Verunreinigung" wird sich weiter auf spätere Generationen ausbreiten. Diese Professoren werden als „ideologische Kriminelle" bezeichnet, und ihre Sünde wiegt schwerer, als Sie sich vielleicht vorstellen. Verschiedene Verbrechen in dieser Welt wie Mord oder Raub sind leicht festzustellen, aber ideologische Verbrechen sind schwieriger zu identifizieren.

Obwohl die japanische Verfassung für Gedankenfreiheit und Redefreiheit steht, sollte insbesondere die Freiheit falscher Rede erlaubt sein? In diesem Punkt wird sicher ein hartes Urteil gefällt werden. Diejenigen, die viele Menschen ins Elend ziehen oder andere in die falsche Richtung führen, werden natürlich zur Verantwortung gezogen werden.

Neue Arten der Hölle: Zeitungshölle, Fernsehhölle, Wochenmagazin-Hölle und Internethölle

Wir leben heute in einer „Internetgesellschaft", in der anonyme User viele Hasskommentare schreiben und so online für eine „heftige Auseinandersetzung" sorgen. Wenngleich die Abgeordneten darüber diskutieren, hinkt die Gesetzgebung auf diesem Gebiet hinterher. Dies ist auch ein dringliches Thema in der Hölle, das derzeit untersucht wird.

Selbst wenn man ihre Gesichter nicht sehen oder ihre Namen nicht kennen kann, ist es im Grunde nicht zulässig, dass manche Menschen im Internet beleidigende oder kritische Bemerkungen anderen gegenüber machen. Diese Leute schreiben Bemerkungen, die sie nicht aussprechen würden oder die im persönlichen Gespräch unerhört wären. Außerdem schreiben sie vielleicht Dinge, die in der Gegenwart anderer Leute inakzeptabel zu sagen wären. Dadurch setzen sie andere herab oder fallen ihnen in den Rücken. Selbst Personen, die „sprachliche

Gewalt" anonym anwenden, werden mittlerweile als eine neue Art von Kriminellen bewertet.

Die herkömmlichen Höllen allein genügen nicht mehr im Umgang mit solchen Vergehen. Um präziser zu sein, die neuen Arten von Höllen, die sich zu bilden beginnen, sind die Zeitungshölle, die Fernsehhölle, die Wochenmagazin-Hölle und die Internethölle. Für jede dieser Höllen werden Experten benötigt, darum sind deren Richter diejenigen mit einem gewissen Spezialwissen in damit zusammenhängenden Themen.

Heutzutage lügen Menschen nicht nur oder verletzen andere; mithilfe von Computern begehen sie größere, systematischere Verbrechen. Hacker beispielsweise stehlen Daten von anderen Unternehmen oder fremden Ländern und verwenden sie gesetzwidrig für unrechte Zwecke. Mit Computern stehlen sie das Vermögen eines anderen bei einer ausländischen Bank. Falls es Beweise gibt, werden diese Leute erwischt, doch meist sind sie geschickt und hinterlassen keine Spuren.

Auch Computerwährungen sind im Umlauf. Diese Währungen können zugelassen werden, wenn ein Vertrauensgefühl vorhanden ist und wenn Entwickler und Betreiber mit rechtschaffener Gesinnung darauf hinarbeiten, die Wirtschaftätigkeiten der Menschen auf der Grundlage guter Absichten und Vertrauen zu unterstützen.

Doch einige Leute erschaffen einfach als eine Form von Betrug viele Kryptowährungen oder begehen mit elektronischem Geld verschiedene Verbrechen. Die Hölle für diese Menschen ist anders als die früheren und sie ist komplizierter. Obwohl ich früher den Begriff Internethölle verwendet habe, entsteht jetzt sogar eine Cyberhölle oder vielmehr eine Cyberraum-Hölle. Auch in Bezug auf diese Höllen tauchen Experten auf.

Weil mittlerweile viele Menschen auf diesem Gebiet arbeiten, gibt es überraschenderweise auch eine ausreichende Zahl solcher Fachleute. Darum rufen wir anständige Geistwesen mit rechtschaffener Gesinnung aus ihrer Mitte herbei. Wir vermitteln ihnen die Grundregeln von Yamas Gericht und lassen sie die Angelegenheiten beurteilen, indem wir sie fragen, „Glauben Sie aufgrund Ihres Fachwissens, dass diese Person richtig gehandelt hat oder nicht?"

Darum werden einige Geistwesen mit MINT-Kenntnissen (Mathematik, Informatik, Naturwissenschaften und Technik) jetzt gebeten, zu Hilfe zu kommen und an Yamas Gericht auszuhelfen. Das liegt daran, dass die alten, in der Vergangenheit verwendeten Konzepte nicht ausreichen, um die heutigen Verbrechen zu beurteilen, und einige Verbrechen müssen erst noch als Verbrechen definiert werden. Diese Beurteilungen sind vorzunehmen.

Yamas Gericht wird einflussreichen ideologischen Kriminellen niemals vergeben

Dadurch wird die Hölle außerordentlich komplex. Weiter oben erwähnte ich bereits Gedanken und Handlungen und diese beiden hängen zusammen. Reflektieren Sie deshalb bitte zuerst über Ihre Gedanken zu folgenden Punkten.

Der erste ist Gier. Manche Menschen sind sehr gierig, genau wie das gierige alte Ehepaar in japanischen Volksmärchen. Ein gieriger Mensch würde eine „Rote Karte" bekommen.

Der nächste ist Wut. Manche Leute können ihre Wut nicht kontrollieren und verletzen andere unnötig oder bereiten ihren Organisationen oder Familien Schwierigkeiten, und sie stiften unablässig Disharmonie in der Gesellschaft. In gewisser Weise sind solche Menschen „Umweltverschmutzer". Die „Umweltverschmutzer" werden sicher ihr Chaos in Ordnung bringen müssen, das heißt, sie werden dafür büßen müssen, dass sie andere Menschen aufgrund ihrer Wut verletzt haben.

Der nächste ist Ignoranz oder Denkweisen, die auf Ignoranz basieren, wie ich in Kapitel Eins erwähnt habe. Wissen, das sich auf Ignoranz stützt, hat sich auch in der akademischen Welt stark ausgebreitet. Viele Leute verdienen ihren Lebensunterhalt damit, wertlosen Wissensmüll zu vermitteln, und andere verbreiten ihn, indem sie den Müll an anderer Stelle weitergeben. Diese Menschen werden dafür zur Verantwortung gezogen werden, dass sie ignorant sind. In den meisten Fällen haben sie sich für die falsche von zwei Möglichkeiten entschieden. Sie haben die falsche Entscheidung getroffen zwischen dem einen und dem anderen oder zwischen links und rechts, deshalb wird ihnen nicht vergeben werden.

Die, die in ihrer Position akademisches Wissen lehren, müssen unermüdlich nach Wahrheit streben, unermüdlich nach dem Guten streben und unermüdlich nach Schönheit streben. Wissenschaftler und akademische Lehrer, die sich darum bemühen, haben die Chance, in die höheren Bereiche der sechstdimensionalen Welt zurückzukehren, doch tatsächlich sind ziemlich viele von ihnen direkt in die Hölle gekommen. Diejenigen, die weiterhin falsche Vorstellungen lehren, sind „ideologische Kriminelle", selbst wenn sie in dieser Welt gewisse Titel haben mögen, etwa „Professor der XYZ-Universität". Je mehr sie ihre Philosophie verbreiten und je mehr Einfluss sie haben, desto tiefer ist die Hölle, in die sie kommen.

Das gilt nicht nur für Wissenschaftler und Gelehrte. Viele ideologische Kriminelle kristallisieren sich heraus aus Kommentatoren, Schriftstellern – auch Romanciers – sowie Herausgebern und Direktoren von Zeitungen, Fernsehsendungen, Zeitschriften, Filmen und so weiter. Das Gericht des Besonderen Richters der Hölle wird sie niemals übergehen, weil sie zahlreiche Menschen falsch beeinflusst haben. Das ist Yamas Standpunkt.

Natürlich gibt es „Eins-zu-eins"-Verbrechen, doch dieser Einfluss ist recht gering. In der Zwischenzeit beeinflussen einige Personen unzählige Menschen, indem sie ihre falschen Philosophien und Ideologien unter anderem durch Bücher, Comics, Filme und Fernsehsendungen weitergeben. Solche Leute sind auch unter Politikern zu finden. Auch wenn sie in weltlichem Sinn hoch angesehen sein mögen, werden sie nach der Richtlinie von Gut und Böse aus der Sicht von Buddhas Wahrheit eindeutig als „böse" beurteilt werden.

Das ist im Grunde wie Umweltverschmutzung. Wenn jemand Gift oder Quecksilber in den Oberlauf eines Flusses schüttet, wird es unnatürliche Fische mit krummer Wirbelsäule geben. Die Menschen, die diese Fische essen, werden dann unter seltenen oder unheilbaren Krankheiten leiden, und infolgedessen wird für viele ihr Leben ruiniert sein. Sie können also nicht glücklich sein, nur weil Sie in eine höhere Stellung befördert wurden oder in dieser Welt erfolgreich waren.

Auf der anderen Seite denken manche, „Ich war in dieser Welt nicht erfolgreich. Mein Leben ist letztlich mittelmäßig. Es war ein gewöhnliches Leben. Ich konnte nur meine Familienmitglieder beeinflussen, und es war schade, dass ich an meinem Arbeitsplatz wie eine Maschine behandelt wurde. Es war so ein langweiliges Leben". Doch um Ihnen die Wahrheit zu sagen: Selbst wenn diese Menschen nach ihrer Rückkehr in die andere Welt in die Hölle kommen, können sie wegen ihrer leichten Sünden leicht herauskommen.

Denjenigen jedoch, die durch Unehrlichkeit ihr Unternehmen groß gemacht oder viel Geld verdient haben, wird wegen ihres weiten Einflusses nicht so leicht vergeben werden.

In der Medizin haben manche Menschen vielleicht gefälschte Arzneimittel entwickelt und verkauft oder unwirksame Mittel angepriesen mit der Behauptung, sie seien wirksam. Auch diese Menschen werden schwer bestraft werden. Das Gleiche gilt für Politiker, die unrechtmäßige Gesetze erlassen haben.

Vom irdischen Blickwinkel aus denken Sie vielleicht, „Das Leben endet in dieser Welt, deshalb möchte ich meinem Leben von 100 oder 120 Jahren so erfolgreich wie möglich sein. Ich wäre überglücklich, wenn ich den Respekt vieler Menschen gewinnen, Geld verdienen und berühmt sein könnte. Auch beim anderen Geschlecht möchte ich beliebt sein". Doch wenn Sie dies mit unrechtmäßigen Gedanken und unrechtmäßigem Handeln erreichen, dann nehmen Sie bitte zur Kenntnis, dass Ihre Sünden im nächsten Leben auf jeden Fall schwer sein werden.

3 Weltliche Werte gelten nicht in der Hölle

Spirituelle Disziplin in dieser Welt ist zehnmal so viel wert wie die in der Spirituellen Welt

Einfach ausgedrückt, ist diese dreidimensionale Welt ein Ort, an dem es für Menschen schwierig ist, die Wahrheit zu kennen – anders als in der Spirituellen Welt. Das macht es schwieriger, in dieser Welt gut zu handeln als in der Spirituellen Welt; ebenso ist es schwieriger, in dieser Welt Selbstreflexion zu praktizieren als in der Spirituellen Welt.

Ja, ein Jahr spirituelles Training in dieser Welt kann zehn Jahren davon in der Spirituellen Welt entsprechen. Darum können Menschen, die infolge ihres Lebens von nur einigen Lebensjahrzehnten als böse beurteilt werden, in der Hölle mehrere Jahrhunderte lang leiden. In Wirklichkeit gibt es viele solche Menschen.

In dieser Welt gibt es sowohl Gut als auch Schlecht. Wir leben mit einem physischen Körper und sind von materiellen Gegenständen umgeben, und wir müssen leben, indem wir sie benutzen. In gewisser Hinsicht ist dies eine Welt, in der sich jeder mit verbundenen Augen seinen Weg durchs Leben tastet. Darum werden Sie in Ihrem spirituellen Training große Fortschritte machen können, wenn Sie in einer solchen Welt Gut und Böse, Wahrheit und Falschheit sowie Schönheit und Hässlichkeit unterscheiden können. Darum werden Menschen immer wieder in diese Welt geboren. Hier gibt es viel zu lernen.

Solange Sie als ein spiritueller Körper in der anderen Welt sind, ist recht leicht zu verstehen, dass Sie ein Geistwesen sind. Trotzdem verstehen viele nicht einmal diese einfache Wahrheit. Die Geistwesen, die lebende Menschen besetzen und böse Taten begehen, haben keine Ahnung von der Existenz der Spirituellen Welt und verstehen nicht, dass sie einen spirituellen Körper haben. Manche von ihnen glauben, sie würden noch in ihrem physischen Körper leben, und besetzen lebende Menschen, um ihrem Gefühl der Frustration Luft zu machen.

Angenommen, jemand stirbt bei einem Autounfall, als er auf einer Bergstraße um eine scharfe Kurve fährt. Wenn dieser Mensch nicht weiß, dass er ein Geistwesen ist, wird er ein erdgebundenes Geistwesen und hält sich in dieser Gegend auf. Und wenn er sieht, dass jemand rücksichtslos oder unter Alkoholeinfluss fährt, wird er diese Person rasch besetzen und einen weiteren Unfall verursachen. Solche Dinge finden tatsächlich statt.

Dieses Beispiel zeigt, dass manche Menschen die einfache Wahrheit nicht verstehen, weil ihnen das Wissen fehlt. Das ist bedauerlich.

Vor einigen Jahrzehnten veröffentlichte ein früherer Generalstaatsanwalt ein halb autobiografisches Buch mit dem Titel *Nach ihrem Tod werden Menschen Müll* (wörtliche Übersetzung). Dies ist eine der schlimmsten Auswirkungen materialistischen Denkens. In Anbetracht der Tatsache, dass er in einer Spitzenposition arbeitete, Richtig und Falsch zu beurteilen, muss seine Sünde schwer sein. Er sah die Dinge nur von einem materialistischen Standpunkt aus; selbst wenn er geglaubt haben mag, er gehe den „Weg Yamas", und erwartet hatte, direkt von einem Generalstaatsanwalt zu einem „Großen Yama" zu werden, ist das nicht so gekommen. Denjenigen mit solch irrigen Philosophien wird nicht vergeben.

Das Gleiche trifft auf Richter zu. Im Juraexamen wird kein religiöses Wissen geprüft, deshalb beruht deren Beurteilung meist auf weltlichem Wissen. Obwohl die meisten ihrer Entscheidungen – 70 bis 80 Prozent – vernünftige Urteile sein mögen, sind 20 bis 30 Prozent davon höchstwahrscheinlich falsch. Richter müssen ihr Gewissen befragen, wenn sie abwägen, ob ihre Urteilssprüche richtig sind oder nicht. Sogar Richter müssen in die Hölle, falls sie häufig falsche Urteile verkündet und fatale Fehler gemacht haben.

Auch Anwälte kommen in die Hölle, falls sie unmoralisch sind. Dazu ein Beispiel: Manche Anwälte klagen Religionen aktiv wegen ihrer Vergehen an, und in manchen Fällen mögen sie rechtmäßige Schritte einleiten. Doch falls sie darauf hinarbeiten, eine Religion mit der Mission Gottes oder Buddhas aus der Gesellschaft zu verdrängen, dann werden leider auch diese Anwälte in die Hölle kommen, unabhängig davon, obwohl sie die Bezeichnung Anwalt führen.

Die weltlichen Werte gelten in der Hölle also überhaupt nicht. Ihr weltlicher Bildungshintergrund und Ihr Abschluss spielen keine Rolle. Ebenso wenig spielt es eine Rolle, ob Sie angesehen oder reich waren, ein großes Haus hatten oder eine vornehme Herkunft, ob Sie etwa aus einer aristokratischen, königlichen oder adeligen Familie kommen. Keiner dieser Faktoren wird berücksichtigt werden. Alles, was zählt, ist Glaube, Gedanken und Handeln. Ihr Glaube, Ihre Gedanken und Ihr Handeln zeigen, was für ein Mensch Sie sind.

In gewissem Sinn war es gut, dass die Adelsherrschaft unterge-gangen ist und dass alle gleichbehandelt werden. In der Vergangenheit wurde Angehörige der höheren Gesellschaftsschicht eine ganze Zeit lang nicht eines Verbrechens angeklagt, auch wenn sie Angehörige einer niedereren Schicht quälten oder töteten. Verglichen mit jenen Zeiten ist die Welt besser geworden. Im Allgemeinen werden Sie danach beurteilt werden, ob Ihr Handeln als Mensch angemessen war.

Trotzdem sind die Gesetze Yamas nicht nur starre Regeln. Wie ich bereits sagte, wägt der Besondere Richter der Hölle sowohl die guten als auch die schlechten Taten eines Menschen, bevor er das Gewicht ihrer Sünde bestimmt. Er berücksichtigt auch die Aussagen der beteiligten Personen und beurteilt, ob es Raum für mildernde Umstände gibt.

Ideologische Kriminelle werden in der Abgrundtiefen Hölle isoliert

Einige der schlimmsten Straftäter kommen nach ihrem Tod direkt in den Abgrund der Hölle, ohne vor das Gericht Yamas zu kommen. Sie sind in den Augen aller eindeutig hoffnungslose Menschen. Unter ihnen sind diejenigen, die andere im Zusammenhang mit Buddhas Wahrheit besonders blockiert oder behindert haben, indem sie genau das Gegenteil behaupteten. Den an Handlungen Beteiligten, die zur zunehmenden Bevölkerung der Hölle geführt haben, wird niemals vergeben werden. Viele von ihnen kommen kopfüber in die Hölle.

Trotzdem behaupten manche von ihnen stur, es gebe kein Jenseits, keinen Gott und keinen Buddha. In den meisten Fällen befinden sich diese Seelen in der Welt ihrer eigenen Illusionen, darum meinen sie vielleicht, sie seien an einem Ort eingesperrt wie einem Spezialzimmer in einem Krankenhaus. Doch tatsächlich sind sie in der Abgrundtiefen Hölle ganz unten in der Hölle gelandet.

Das Merkmal der Abgrundtiefen Hölle ist, dass sich dort zwar viele andere Seelen aufhalten, sie sich gegenseitig aber wegen der pechschwarzen Dunkelheit nicht sehen können. Es ist fast, als wären sie auf den Grund eines Brunnens gefallen. Nach Gefängnisbedingungen sind sie in Einzelhaft und dürfen nicht miteinander reden oder andere sehen. Als ideologische Kriminelle sind sie isoliert. Sie befinden sich in völliger Isolation. Auch wenn sich im Umkreis von 2 bis 3 Metern um sie herum andere Seelen aufhalten, können sie einander weder erkennen noch miteinander reden. In vielen Fällen sind sie ganz alleingelassen und in einem Zustand völliger Isolation. In der Regel sind sie lange Zeit isoliert.

Dort werden einige von ihnen allmählich beginnen, über ihr Leben zu reflektieren. In solchen Fällen wird ein zuständiges Geistwesen zu ihnen zu Besuch kommen, wenn sich die Gelegenheit ergibt. Genau wie ein Gefängnisgeistlicher zu den Gefangenen kommt, um ihnen die rechte Lebensweise zu vermitteln, so sucht ein zuständiges Geistwesen die Abgrundtiefe Hölle auf, wenn die Zeit gekommen ist. Häufig übernehmen Geistwesen, die nach ihrem Tod in den Himmel zurückgekehrt sind und anstreben, Engel des Lichts zu werden, diese Funktion. Sie sind künftige Engel oder „Engel im Praktikum". Diese Geistwesen begeben sich in die Hölle, um die Erfahrung zu machen, andere zu retten, und versuchen im Gespräch mit ihnen, sie auf den rechten Weg zurückzuführen.

In vielen Fällen können jedoch die Geistwesen in der Abgrundtiefen Hölle die Gedanken nicht loslassen, die sich in mehreren Jahrzehnten ihres Lebens auf der Erde ihrem Geist eingeprägt haben. Diese Geistwesen sind gewöhnlich von Stolz erfüllt. Sie halten sich für bedeutende Personen, darum entschuldigen sie sich nicht bei anderen oder geben ihre Fehler nicht zu. Damit leiden sie sehr lange in der Hölle und können nicht erlöst werden. Doch um die Wahrheit zu sagen, sie sind einsam, traurig, im Schmerz und haben Hunger, genau wie ein Gefangener, der eine unbefristete Strafe verbüßt.

4 Die Regeln der Hölle und die verschiedenen Aspekte der Hölle

Rechtmäßige Kriege gelten nicht als Verbrechen, doch höllische führen in die Asura-Hölle

In einem oberflächlicheren Bereich der Hölle halten sich viele Geistwesen auf. Eine Regel der Hölle besagt, dass sich gleichgesinnte Geistwesen zusammenfinden. Mit anderen Worten, diejenigen mit derselben „Krankheit" werden an einem Ort als Gruppe eingeteilt. Krankenhäuser teilen Patienten in Gruppen mit derselben Krankheit ein; diejenigen mit psychischen Erkrankungen sind in der Psychiatrie; diejenigen mit Herzkrankheiten oder Erkrankungen des Gehirns werden als solche in Gruppen eingeteilt; und diejenigen mit Krebs werden auf einer Krebsstation untergebracht. Genauso werden Menschen mit ähnlichen Neigungen oftmals zusammen in dieselbe Hölle gesteckt. Hier kämpfen sie mit anderen gleichgesinnten Geistwesen und stiften Chaos, und indem sie dies weiterhin tun, erkennen sie ihre Fehler.

In manchen Zeiten kann es zu Kriegen und Kämpfen kommen. Aber man kann nicht zwangsläufig sagen, jegliche Kriegsbeteiligung oder Kämpfen ist böse. Gott und Buddha halten manche Kriege für unvermeidlich, darum sind nicht alle davon böse. Nicht alle historischen Persönlichkeiten, die in Kriegen kämpften und ein Land aufbauten oder als Generäle dienten, sind Teufel. Manchmal sind solche Kriege notwendig und zu manchen Zeiten müssen Menschen erbittert kämpfen, um ihre Bürger zu verteidigen.

Außerdem ist den Menschen zumindest erlaubt, bei Bedarf zu kämpfen, um ihre Familien zu schützen. Falls ein Einbrecher nachts in ein Haus einbricht und einige dort lebende Familienmitglieder mit einer

Pistole erschießt oder mit einem Messer ersticht, um ihre Wertsachen zu stehlen, dann könnte der Ehemann mit Gewalt zurückschlagen. Falls das Land dies gestattet, könnte er dafür eine Pistole benutzen. Das Gesetz dieser Welt erachtet das als Notwehr.

Eine solche Situation bedingt in dieser Welt einen Prozess. Der Prozess mag den Fall lösen, doch falls das nicht genügt, wird er für eine Beurteilung vor Yamas Gericht gebracht werden. Situationen, die gerechtfertigt sind oder Notwehr erfordern – Situationen, die andere für unvermeidlich halten –, werden berücksichtigt.

Angenommen, Japan wird, so wie es heute ist, in naher Zukunft in einen Krieg verwickelt. Dies ist vielleicht nichts, was ich von meiner derzeitigen Position aus kommentieren sollte, und es sollte eher von Politik- und Militärführern gesagt werden. Aber stellen Sie sich vor, Nordkorea baut zahlreiche Atomwaffen und schießt sie einseitig auf Japan ab. Millionen oder Zig-Millionen japanische Bürger könnten sterben, und Nordkorea könnte uns auffordern, „Japan muss ein Vasallenstaat Nordkoreas werden. Ihr müsst all eure persönliche Habe und Euer Eigentum abgeben. Von nun an werden wir euch wie unsere Sklaven behandeln".

Um dies zu verhindern, könnte Japan Waffen entwickeln, dagegen ankämpfen und seine Bürger verteidigen. Doch dieses Handeln Japans wird nach dem Gesetz Yamas nicht als böse angesehen werden; es ist nur eine natürliche Reaktion. Falls Nordkorea unrechtmäßig handelt, sind sie diejenigen, denen nicht vergeben wird, darum werden sie auf jeden Fall als böse beurteilt werden. Falls jedoch beide Parteien in gewissem Maß unrechtmäßig handeln, werden sie von Fall zu Fall beurteilt.

Nehmen Sie etwa das Gesetz Buddhas von vor 2500 Jahren. Buddha wurde gefragt: „Werden Krieger im Falle eines Krieges des Verbrechens für schuldig befunden werden?" Er antwortete: „Das Hauptvergehen liegt beim König selbst." Heutzutage ist es natürlich nicht immer der

König, es könnte unter anderem der Premierminister oder der Präsident sein. Buddha meinte damit Folgendes, „Als Erstes wird der König dafür verantwortlich gemacht werden, Sünden zu begehen oder eben nicht". Anders ausgedrückt, wird der König gefragt werden: „War es ein gerechter Krieg?" Falls es nicht der König ist, könnten es die Generäle sein. Sie werden danach beurteilt werden, ob sie richtig gehandelt haben oder nicht.

Je weiter unten Sie auf der Leiter der Macht stehen, desto weniger verantwortlich sind Sie. Ein Polizeibeamter oder ein Offizier beim Militär sind häufig verpflichtet, einen vom Vorgesetzten erteilten Befehl auszuführen. Falls sie den Auftrag hätten, Salven auf ein Ziel abzufeuern, würden sie die Anweisung sicher befolgen. Aber sie werden nach ihrem Tod nicht zwangsläufig eines Verbrechens beschuldigt, wenn es ein Befehl war, den sie in einem funktionierenden Rechtssystem in der Befehlskette auszuführen hatten. Darum wird nicht jeder Krieg oder jede gewalttätige Handlung ein Verbrechen.

Allerdings kann sogar eine Einzelperson zur Verantwortung gezogen werden, wenn sie im Kampf gegen ein feindliches Land oder eine andere Ethnie eine Brutalität und Bosheit an den Tag legt, die über das Menschliche hinaus geht. In diesem Fall werden diese einzelnen Personen abgeurteilt werden. In einem afrikanischen Land beispielsweise töten sich Hutus und Tutsis gegenseitig mit Waffen wie Äxten und Macheten. Wahrscheinlich kämpften sie aus einem bestimmten Grund, doch wenn sich Einzelpersonen in einen Mob verwandeln und anfangen, wahllos Menschen zu töten, dann könnten diese Totschläger individuell für ihre Sünden zur Verantwortung gezogen und in der Hölle verurteilt werden.

Diejenigen, die während Konflikten und Kriegen als „höllisch" beurteilt werden, kommen an einen Ort, der Asura-Hölle genannt wird oder Asura-Reich. Dort werden sie einander auf ewig weiter töten. Ein

Beispiel: In der Schlacht von Sekigahara (1600) in Japan kämpften östliche und westliche Truppen gegeneinander. Der Geburtsort eines Menschen bestimmte, auf welcher Seite jemand im Krieg stand. Falls man gewann, wurde man naturgemäß für rechtschaffen gehalten, doch einige derjenigen, die in diesem Krieg fielen und in die Hölle kamen, kommen dort immer noch nicht heraus, wenngleich ihre Zahl derzeit zurückgeht.

Während diese Geistwesen sich in der Asura-Hölle weiter töten, kommen sie auf den Gedanken, „Was für einen Blödsinn habe ich da gemacht", und erkennen ihre Fehler. Dann können sie in den Himmel aufsteigen und die Zahl in der Hölle wird allmählich zurückgehen. Gelegentlich können Geistwesen über ihr eigenes Handeln reflektieren, indem sie andere beobachten, die ihnen ähneln.

Materialistische Vergnügungssucher kommen in die Hölle des Blutteichs, des Nadelbergs und des Schwertblattbaums

Das Gleiche gilt für die Hölle des Blutteichs. Diejenigen, die in ihrem Sexualleben als Mensch zu Lebzeiten zu weit gegangen sind und keine jeweiligen stützenden Beweise oder Umstände haben, um erlöst zu werden, kommen an einen Ort, der die Hölle des Blutteichs genannt wird. Auch dort haben sich gleichgesinnte Geistwesen zusammengefunden. Sie werden diese Hölle erfahren, bis sie erkennen, dass das, was sie für erfreulich und schön hielten und was ihnen Vergnügen bereitete, tatsächlich Leiden an sich war.

Ein Blutteich ist nur ein Symbol; viele Männer und Frauen ertrinken in einem Teich mit blutigem Wasser. Sie treiben nackt umher. Wenn man sie ertrinken und in diesem Blutteich treiben sieht, weckt das keinerlei irdisches sexuelles Verlangen; sie alle sehen grotesk und grässlich aus, und das ist ein unerfreulicher Anblick.

Die Hölle des Blutteichs genügt nicht, deshalb gibt es außerhalb dieses Teichs auch andere Höllen. Dies ist die Wirklichkeit. Wir sind jetzt in den 2020er-Jahren, aber diese Höllen gibt es sogar heute. Die im Buddhismus beschriebenen Höllen sind immer noch Wirklichkeit; keine davon hat sich verändert.

Der Blutteich und der Nadelberg sind traditionelle Höllen. Diejenigen, die Böses getan haben, werden von Henkern, Gefängniswärtern oder Bestrafern (Oger) in eine Gegend getrieben, in der Schwerter aus dem Boden herausragen. Ihr Körper wird vielfach geschnitten und sie sind voll Blut. Diese Erfahrung ist furchtbar und schmerzhaft.

Die Hölle des Schwertblattbaums ist im Buddhismus auch sehr bekannt. Hier verführen Frauen Männer, obwohl sie beide in der Hölle sind. Viele von denen in dieser Hölle arbeiteten früher zu ihren Lebzeiten im Nachtleben und viele waren auch in Verbrechen verwickelt.

Um diese Hölle zu beschreiben: In einer Baumkrone wartet eine wunderschöne Frau. Unter dem Baum ist eine Gruppe von Geistwesen voll Lust und sexuellem Verlangen. „Kommt hierher", ruft sie ihnen zu, deshalb bemühen sich alle nach Kräften, den Baum hinaufzuklettern. Doch weil jedes Blatt des Baumes einer nach unten zeigenden Rasierklinge gleicht, wird ihr Körper überall aufgeschlitzt. Sobald sie dann die Baumkrone erreichen, ist die wunderschöne Frau nicht mehr da; stattdessen sehen sie sie jetzt am Fuß des Baumes. „Kommt herunter, hier bin ich", sagt sie wieder; und wenn sie versuchen, hinunterzuklettern, zeigen diesmal alle Klingen nach oben. Diese Art der Hölle wird als die Hölle des Schwertblattbaums bezeichnet.

Schließlich sehen materialistische Vergnügungssucher sich selbst nur als physische Existenz, darum versuchen diese Höllen auf materialistische Art zu vermitteln, dass das, was sie suchen, kein „Vergnügen" ist. Sie denken nicht darüber nach, was richtig oder falsch ist; sie können nur sagen, ob etwas „Vergnügen" oder „Missvergnügen" ist. Sogar Insekten können diesen Unterschied erkennen; das also vermitteln diese Höllen.

Zu irgendeinem Zeitpunkt müssen sie ihre eigenen Fehler in ihrer materialistischen, nach Vergnügen suchenden Einstellung erkennen. Sie müssen erkennen, wie dumm eine solche Einstellung ist. Sexuelles Vergnügen kann genauso süchtig machen wie Drogen oder Kokain. Sobald Menschen in körperlichem Vergnügen ertrinken, werden sie süchtig und kommen selbst nicht mehr heraus. Darum müssen sie es immer wieder erleben, bis sie es satthaben; sie werden geführt und kommen auf den Gedanken, „Ich möchte wieder ein anständiger Mensch werden".

Diejenigen, die verschiedene Verbrechen begangen haben, werden in vielfältige Höllen geschickt, die sie erleben sollen. Es gibt mehr als eine Art von Hölle, und es ist ein „Pflichtkurs" für Menschen, etliche Hölle zu durchlaufen, die mit ihren schlimmsten bösen Taten im Zusammenhang stehen. Wie es scheint, kommen heutzutage immer mehr Menschen in die Hölle der sexuellen Begierde.

5 Körperliches Vergnügen und der im Jenseits zu zahlende Preis

Selbstbeherrschung unterscheidet Menschen von Tieren

Ich möchte, dass Sie zumindest erkennen, dass Menschen anders sind als Tiere, weil dies ein wichtiger Punkt ist. Sie müssen die Würde des anderen als Mensch respektieren, und mit diesem Respekt müssen Sie einander als spirituelle Wesen lieben und sich gegenseitig beeinflussen, besser zu sein. Solange Menschen dieses Verständnis haben, erhalten sie eine bestimmte Erlaubnis, durch körperliches Vergnügen ein gewisses weltliches Glück zu empfinden. Doch das wird ein Problem, falls Sie darüber hinausgehen und sich verhalten, wie es ein Tier tun würde – wie etwa ein Rüde ohne Leine etliche Hündinnen nacheinander besteigen würde.

Fuchs-Geistwesen sind in Japan häufig. Diese Geistwesen beeinflussen häufig die Frauen, die ihr teufelsähnliches oder bezauberndes Wesen einsetzen, um Männer zu verführen und zu verderben, um sie zu verleiten, ein Verbrechen zu begehen, oder sie dazu bringen, den falschen Weg zu gehen. Manche Frauen halten es für die Aufgabe einer Frau, Männer zu locken, doch diejenigen, die besessen sind, ihren verführerischen sexuellen Charme zu steigern, sind spirituell der Hölle der Wilden Tiere sehr nah.

Genau genommen befindet sich die Hölle des Blutteichs ganz in der Nähe der Hölle der Wilden Tiere, und sie sind häufig „austauschbar" oder auswechselbar.

Trotzdem sind nicht alle Tiere so. Pandas verlieben sich beispielsweise nur zwei oder drei Tage im Jahr. Darum geben sich Zoowärter große Mühe, Pandas in diesen zwei bis drei Tagen „sich paaren zu lassen". Sie verbieten es den Besuchern sogar, die Pandas zu beobachten, und bereiten eine ruhige Umgebung für sie vor, in der Hoffnung, dass die Pandas ihren Geist konzentrieren und sich paaren. Vielleicht sind Pandas, die nur etwa zwei oder drei Tage im Jahr erregt sind, anständiger als Menschen, die das ganze Jahr hindurch sexuell aktiv sind.

In der japanischen *Haiku*-Dichtung gibt es einen jahreszeitlichen Begriff, die sogenannte „Katzenliebe", der den Monat Februar bezeichnet. Wenn Katzen um den Februar herum trächtig werden, bringen sie ihre Jungen im Sommer zur Welt. Der Sommer scheint die Hauptzeit zu sein, um Junge auf die Welt zu bringen und Kitten aufzuziehen, weil es reichlich Nahrung gibt und die Jungen nie erfrieren. Die Jahreszeit, in der Katzen Junge zur Welt bringen, ist ungefähr um diese Zeit festgelegt. In anderen Monaten neben dem Februar interessieren sie sich nicht sonderlich für das andere Geschlecht.

Insofern liegen Sie vielleicht falsch mit der Annahme, dass im Vergleich zu Menschen alle Tiere auf einer tieferen Stufe stehen. Nehmen Sie zur Kenntnis, dass manche Tiere nicht das ganze Jahr über erregt sind, obwohl dies eher ein Instinkt als Selbstbeherrschung sein könnte.

Im Gegensatz dazu können Menschen das ganze Jahr über erregt sein, und darum ist Selbstbeherrschung notwendig. Sie müssen den richtigen Zeitpunkt, den richtigen Ort und den richtigen Partner, die richtige Partnerin wählen. Sie müssen sich selbst fragen: „Ist es vertretbar? Ist es in den Augen Gottes oder Buddhas oder meiner Schutz- und Führungswesen angemessen?"

Der Buddhismus hat eine Lehre der „Unzeit" oder des „ungünstigen Zeitpunkts". Für ein Ehepaar oder Menschen in einer festen Beziehung ist es beispielsweise in Ordnung, nach der Arbeit miteinander intim zu sein, wenn sie entspannt sind. Falls sie jedoch während der üblichen Arbeitszeiten Sex haben oder dann, wenn die Kinder noch wach sind, wird sich das negativ auswirken. Von einem buddhistischen Standpunkt aus gilt es als verwerfliches Handeln, nicht den richtigen Zeitpunkt auszuwählen.

Das Gleiche lässt sich auch über die Wahl des richtigen Ortes sagen. Nach dem Strafgesetzbuch sind das Zurschaustellen obszöner Gegenstände und öffentliche Unzucht Straftaten. Insofern dürfen Menschen Dinge nicht an einem ungeeigneten Ort tun.

Manche sagen vielleicht: „Es sollte kein Problem sein, sich in einem Strip-Klub auszuziehen, weil das der richtige Ort ist." Das klingt nach einem stichhaltigen Argument, doch es hängt davon ab, wie die Polizei diese Menschen beurteilt und wie hart sie durchgreift. Offensichtlich vertritt die Polizei keine strikte Haltung, weil ein übergründliches Durchgreifen mitunter weiteren Verbrechen Vorschub leisten kann. Deshalb scheint sich die Polizei manchmal zurückzuhalten; sie gestalten ihre Überwachung enger oder lockerer je nach Zeit. Die Sexindustrie an sich enthält viele höllische Aspekte, doch falls sie völlig abgeschafft wird, werden viele normale Frauen auf ihrem Heimweg von der Arbeit überfallen werden. Somit scheint die Polizei diese Situation gut „unter Kontrolle zu haben". Doch ob das Handeln der Polizei richtig oder falsch ist, ist eine andere Frage. Dies ist ein sehr schwieriger Punkt.

Schätzen Sie Ihren physischen Körper als einen „heiligen Tempel", in dem die Seele wohnt

Bitte machen Sie keinen Fehler, indem Sie denken, „Dieser physische Körper gehört mir. Er steht mir zur Verfügung, darum kann ich entscheiden, wie ich mit ihm umgehe". Die Leute sagen: „Ich habe Beine, was ist also verkehrt daran, gegen einen Fußball zu treten und Fußball zu spielen?" Oder sie sagen: „Ich habe Arme, was ist also verkehrt daran, einen Baseballschläger zu schwingen und einen Treffer zu landen?" Ähnlich denken viele, „Die Menschen haben das Recht über ihren eigenen physischen Körper, deshalb sollte ich so mit ihm umgehen können, wie immer ich das will".

Doch ich will Ihnen sagen: Ihr physischer Körper wurde Ihnen von Ihren Eltern geschenkt, darum müssen sie dankbar dafür sein. Jeder und jedem von Ihnen wurde ein physischer Körper geschenkt; Ihre Eltern brachten Sie auf die Welt und haben viel Arbeit und Energie darauf verwendet, Sie aufzuziehen. Kaum Eltern ziehen ihre Kinder groß in der Hoffnung, dass diese zu Verbrechern heranwachsen. Die meisten Eltern wünschen sich für ihr Kind, dass es ein erfolgreicher Mensch wird, der etwas zur Welt beitragen kann. Sie geben sich alle Mühe, damit ihre Kinder erfolgreich sein können. Eltern leisten Schwerarbeit, kochen Essen und opfern ihren Schlaf, wenn ihre Babys schreien. Trotz dieser Schwierigkeiten ziehen sie ihre Kinder auf.

Sie werden dann erwachsen und denken vielleicht, „Ich bin 18 geworden" oder „Ich bin 20 geworden. Es steht mir frei, zu tun, was immer ich will", aber Sie müssen achtsam sein, wie Sie mit Ihrem physischen Körper umgehen, der Ihnen von Ihren Eltern geschenkt wurde. Sie müssen so mit ihm umgehen, dass Sie der Gesellschaft etwas zurückgeben und außerdem die Verantwortung für Ihr künftiges Handeln übernehmen können. Falls Sie als verantwortungsloser Erwachsener leben, können Sie unerwartet selbst schwanger werden oder jemanden schwängern und Ihren Kindern Unglück bescheren. Darum müssen Sie sich Ihrer Verantwortung in dieser Hinsicht bewusst sein.

Was noch wichtiger ist, es stimmt zwar, dass Ihr Körper Ihnen von Ihren Eltern geschenkt wurde, doch dazu gibt es eine Voraussetzung: „Gott oder Buddha existiert. Es existiert ein Ort, der als Spirituelle Welt bezeichnet wird, und es gibt ein System der Wiedergeburt. Menschen ist es gestattet, wiedergeboren zu werden."

Darum ist existenzialistisches Denken im Grunde falsch. Manche Menschen haben eine Opfermentalität angenommen und meinen vielleicht, „Ich bin durch Zufall in diese Welt geworfen worden. Man kann sich Eltern nicht aussuchen, und ich wurde in eine so furchtbare Familie hineingeboren." Wahr ist jedoch, dass jeder schon vor der Geburt weiß, wo er geboren werden wird. Falls Sie sich dafür entschieden haben, in ein schwieriges Umfeld geboren zu werden, bedeutet das, dass Sie als spirituelles Training eine gewisse Herausforderung zu meistern haben. Bitte nehmen Sie dies zur Kenntnis.

Ich möchte, dass Sie Ihren physischen Körper schätzen und achtsam mit ihm umgehen und sich selbst sagen: „Mein Körper ist ein ‚heiliger Tempel' für meine Seele als Wohnung." Er ist an sich weder gut noch böse. Wenn Sie ein Messer gut einsetzen, können Sie es zum Kochen nutzen oder um Obst zu schälen, aber es lässt sich auch in eine Waffe verwandeln, falls Sie damit jemanden töten. Genauso kann ein physischer Körper gut oder böse werden, je nach der geistigen Einstellung des Menschen, der ihn nutzt.

Menschenrechte in dieser Welt werden in der Hölle nicht berücksichtigt

Heutzutage steigt die Zahl der LGBTQ-Personen weltweit, vor allem in westlichen Demokratien. Sie sagen, sie treten für Menschenrechte ein. Weil mehr Seelen von LGBTQ-Personen in die andere Welt zurückkehren, habe ich untersucht, was aus ihnen wurde. Nach meiner Untersuchung gibt es jedoch in der Hölle so etwas wie „Menschenrechte" bedauerlicherweise nicht, die die Menschen in dieser Welt geltend machen.

Weiter oben sprach ich über die Hölle des Schwertblattbaums. Diejenigen, für die eine solche Hölle passt, stellen vielleicht fest, dass die durch mehrere Bereiche gejagt werden, in denen Schwerter aus dem Boden ragen. Doch heute gibt es auch modernere Arten der Hölle.

Chirurgische Eingriffe finden nun häufig statt, darum werden in der Hölle ähnliche Instrumente eingesetzt, wie Ärzte sie verwenden. In einer krankenhausartigen Hölle wird ein Körper mit einer Elektrosäge zerschnitten oder bei einer Operation mit einem Skalpell aufgeschnitten.

Die Tatsache, dass es diese Hölle gibt, zeigt, dass sogar einige Ärzte und Krankenschwestern ihre wahre Mission vergessen und als böse Menschen gelebt haben. Unter den Krankenhausleitern gibt es böse Ärzte. Nicht alle Krankenschwestern und Ärzte sind Engel, und manche von ihnen sind in einer krankenhausartigen Hölle und machen dort damit weiter. Das vermittelt mir das Gefühl, dass sich die Zeiten ändern.

In der Vergangenheit gab es die Hölle der Schwarzen Seile. Schwarze Seile sind gefärbte Schnüre, mit denen Zimmerleute Holz für Stützpfeiler schneiden. An einem Ende des Holzes befestigt der Zimmerer ein in dunkle Tinte getauchtes Seilstück und zieht es an die andere Kante. Und wenn er das Seil wegschnipst, ist quer über das Holz eine scharfe Linie gezogen. Dann sägt der Zimmerer das Holz genau an dieser Linie entlang. Mein Großvater war Zimmerer für Schreine, und wie ich hörte, war er sehr geschickt. Sein Name war Genzaemon, und ich hörte die Leute oftmals sagen: „In Mr. Gens Tintenmarkierung ist keine einzige Lücke. Er kann immer gerade, scharfe Linien ziehen."

In der Hölle der Schwarzen Seile werden mit dieser Technik menschliche Körper zerschnitten; gefärbte Schnüre werden schmerzlich auf den Körper des Geistwesens geschnalzt. Solche Schnüre kommen auch in Jiangshi-Filmen vor – Geschichten von Zombies des östlichen Typs, die auferstehen. Sie werden tatsächlich verwendet, um menschliche Körper zu zerschneiden.

Diese Hölle gab es früher, doch heute haben viele Höllen mit Krankenhäusern zu tun. Sogar heute besuchen Menschen gelegentlich nachts Orte, an denen es spukt, um Horrorerfahrungen zu machen, etwa leerstehende Krankenhäuser oder aufgegebene Krankenhäuser.

Diese Krankenhäuser erscheinen mittlerweile in der Hölle, damit sie dort als Orte der Bestrafung genutzt werden.

Deshalb möchte ich Ihnen Folgendes sagen: „Es steht Ihnen frei, Ihre Menschenrechte in dieser Welt geltend zu machen, doch falls Ihr Handeln zu weit geht, werden Sie Ihre Menschenrechte im Jenseits völlig verlieren. Darum könnte es für Sie besser sein, jetzt damit aufzuhören."

Freiheit ist wichtig. Sie ist sehr wichtig, aber Freiheit geht mit Verantwortung einher. Sie müssen sich überlegen, „Was geschieht mit der Gesellschaft, falls sich alle an die Freiheit halten, die ich anstrebe?" Falls die Gesellschaft zerfällt und die Gesellschaftsordnung zerstört wird, weil alle machen, was Sie machen, dann ist das nicht gut.

Das mag der Aussage Kants ähnlich sein, doch falls Sie meinen, die Gesellschaft wird besser, nachdem alle in Ihrem Umfeld Ihr Handeln nachahmen, dann ist das in Ordnung. Falls jedoch alle handeln mit dem Gedanken, „Nur ich darf dies tun, und wenn andere das Gleiche machen wie ich, dann gibt es Probleme", dann ist das ein Verbrechen und sollte anderen nicht empfohlen werden. Es gibt eine sogenannte „Maxime". Sie müssen so handeln, dass es vertretbar ist, wenn andere das Gleiche machen. Ähnlich sollten Sie nichts tun, was nachzuahmen für andere nicht gut ist.

Der Konsum von Drogen und Aufputschmitteln ist in Japan streng reguliert und eine Straftat, doch in vielen Ländern ist das Gesetz weniger streng. Häufig dienen Drogen und Stimulanzien als Finanzierungsquelle für manche Länder oder kriminelle Vereinigungen. Wie ich bereits sagte, könnten Sie denken, „Mein Körper gehört mir, wen kümmert es da, wenn ich Drogen und Aufputschmittel nehme? Ob ich lang lebe oder sterbe – es ist meine Entscheidung". Das mag eine Vorstellung sein, doch Menschen lassen sich leicht beeinflussen, darum kursiert Drogenmissbrauch immer. Bitte fragen Sie sich, „Was wird aus der Gesellschaft, wenn andere das Gleiche tun? Was wird aus der nächsten

Generation und der Generation danach?" Dann werden Sie erkennen, dass Sie mit etwas, was für die Gesellschaft nicht wünschenswert ist, aufhören sollten.

6 Ihr Glaube, Ihre Gedanken und Ihr Handeln werden nach dem Tod mit Sicherheit beurteilt werden

Es ist schwierig, alles über die Hölle zu vermitteln; grundsätzlich wird alles, was mit Verbrechen zusammenhängt, in der Hölle verurteilt werden. Zusätzlich können auch Menschen in der Hölle verurteilt werden, die den Gesetzen in dieser Welt entkamen und nicht für schuldig befunden oder die zivilrechtlich nicht für Gesetzesübertreter gehalten wurden.

Darum sind „Glaube" und „was Sie dachten" wichtig. Sie sollten über sich selbst reflektieren und hauptsächlich die Sechs Weltlichen Täuschungen untersuchen: Gier, Wut, Dummheit, Stolz, Zweifel und falsche Ansichten.

Sie müssen auch über Ihr „Handeln" reflektieren. Denjenigen wird nicht leicht vergeben, die der göttlichen oder Buddha-Natur von Menschen vielfältig geschadet haben. Sobald Sie während Ihres Lebens Reue gezeigt haben, machen Sie das Gegenteil und bemühen Sie sich, ein anderer Mensch zu werden.

Ich konnte nicht über alles reden, aber dies ist die Realität der Hölle. Yamas Urteil ist absolut real, wenngleich sich sein Stil von Land zu Land unterscheiden mag. Anders ausgedrückt, könnte er an manchen Orten als ein Richter erscheinen oder an anderen als hochrangiger Beamter; der Urteilsstil mag sich von Land zu Land unterscheiden, aber Sie werden sicherlich beurteilt werden.

Übrigens, eine Religion (Seicho-no-Ie) behauptet, „Jedes Kind, das stirbt, bevor es sieben Jahre alt ist, ist ein hohes Geistwesen", doch das stimmt überhaupt nicht. Kleine Kinder, die sterben, bevor sie selbst denken können, enden häufig als verirrte Geistwesen. Sie wissen nicht, was sie tun sollen, weil es ihnen nie beigebracht wurde.

Seit Alters heißt es im Buddhismus, „Die Seelen verstorbener Kinder stapeln Steine aufeinander im Vorraum der Kinder." Tatsächlich gibt es eine Hölle, in der jung verstorbene und verlorengegangene Kinder zusammenkommen. Führungsengel besuchen diese Kinder durchaus, aber sie tun sich schwer, weil die Kinder ihre Worte nicht verstehen können. Das ist die Realität. Abtreibung ist häufig und in bestimmten Fällen unumgänglich, weil das Gebären das Gebiet der Hölle vergrößern könnte. Doch prinzipiell müssen Sie wissen, dass in einem Fötus eine Seele wohnt. Falls Sie den durch eine Abtreibung oder andere Mittel töten, sollten Sie Buddhas Wahrheit genau studieren und verstehen und ein Gebet um Erlösung sprechen.

Eine Gruppe Anwälte behauptet, „Gedenkgottesdienste für ungeborene Babys sind spiritueller Betrug", und das könnte stimmen, falls der Gottesdienst nur durchgeführt wird, um Gewinn zu machen. Doch wahr ist, dass manche Kinder nicht wissen, was sie nach ihrem Tod tun sollen, darum können sie sich nur auf ihre Eltern verlassen. In diesem Fall ist es wichtig, einen Gedenkgottesdienst für sie abzuhalten. Doch wenn diesen Gottesdienst ein religiöser Mensch hält, der nicht an die Seele glaubt und ihn nur abhält, um Geld zu verdienen, dann sollte dies als Betrug angesehen werden. Es ist jedoch wichtig, die Wahrheit gründlich zu studieren und in jungen Jahren Verstorbenen Führung zu bieten.

Außerdem ist es im Allgemeinen eine menschliche Tugend, den Toten angemessen Respekt zu zollen in Form eines Grabes oder auf andere Arten und Weisen. Seit sich die Wirtschaft in einem Abschwung befindet, wurde bei diesen Bräuchen der Rotstift angesetzt. Immer mehr Menschen entscheiden sich dafür, das zu machen, was ihnen gefällt. Sie streuen etwa die Asche am Meer aus oder vergraben die Asche am

Fuße eines Baumes. Damit will ich nicht sagen, dass alle diese Praktiken schlecht sind, doch falls sie von materialistischem Denken ausgehen, müssen es sich die Menschen zweimal überlegen, bevor sie so handeln. Gräber anzulegen und Beisetzungen durchzuführen, sind für Menschen Möglichkeiten, kulturell die Wahrheit weiterzugeben, dass die andere Welt real ist und tatsächlich existiert. Bitte schätzen Sie diese Tradition.

Damit schließe ich das Kapitel ab.

KAPITEL DREI

VERWÜNSCHUNGEN, FLÜCHE UND BESETZUNG

Wie Sie Ihren Geist kontrollieren, damit Sie nicht in die Hölle kommen

1 Verwünschungen, Flüche und Besetzung führen Sie in die Hölle

Kommen Sie in den Himmel oder in die Hölle? – Das hängt davon ab, wie Sie jetzt leben

Ich habe Lehrreden über die Hölle gehalten, und in diesem Kapitel will ich dies eingrenzen auf Spezialthemen und über Verwünschungen, Flüche und Besetzung reden. Sie hängen sowohl mit der Religion insgesamt als auch mit dem Thema Hölle zusammen.

Wie ich vermute, denken die Menschen im Allgemeinen, „Hölle ist etwas, worüber ich nachdenke, wenn ich gestorben bin" oder „Ich denke erst darüber nach, was ich mache, falls ich dort lande". Doch so funktionieren die Dinge nicht. Sie müssen darüber nachdenken, solange Sie leben. Ob Sie in den Himmel oder in die Hölle kommen, ist keine Frage, die sich plötzlich nach Ihrem Tod stellt. Sie können tatsächlich raten, wohin Sie in etlichen Jahren oder Jahrzehnten gehen werden, indem Sie Ihr jetziges Leben betrachten, darunter Ihren körperlichen Zustand und vor allem Ihre spirituelle Lebensweise und Ihre Einstellung.

Der Begriff *hyo-i* 憑依 (Besetzung) wird in der Religion häufig verwendet, darum könnten die meisten meiner Leser damit vertraut sein; doch Menschen allgemein, die nichts mit der Religion zu tun haben, sagen vielleicht, sie hätten nie davon gehört oder wüssten nichts darüber. Vielleicht fragen sogar Leute wie Nachrichtensprecher oder Moderatoren, die über verschiedene Themen Bescheid wissen: „Was ist hyo-i?"

Dies weicht etwas vom Thema ab, aber die japanischen Kanji-Schriftzeichen für das Wort hyo-i sind schwierig. Sie sind schwierig zu schreiben und werden wahrscheinlich nicht häufig verwendet.

In meinem ersten Studienjahr an der Universität belegte ich einen Kurs über die Theorie des politischen Prozesses. Ein Professor namens Jun'ichi Kyogoku schrieb das Wort „hyo-i" an die Tafel und las es als „*hyo-e*". Das ganze Jahr lang sagte er *hyo-e*. Ich überlegte hin und her, ob ich ihn verbessern sollte oder nicht, doch letztlich sagte ich es ihm nicht. Er muss es jahrzehntelang so ausgesprochen haben, darum sollte er meiner Meinung nach die Verantwortung für seinen Fehler übernehmen. Als Schüler in der Mittel- oder Oberstufe hätte ich meinen Lehrer vielleicht verbessert.

Kurse an der Universität haben eine viel größere Hörerschaft, Hunderte von Studenten, aber kaum jemand reagierte. Ich schätze, niemand von ihnen kannte das Wort und sie dachten wahrscheinlich, sie würden ein neues Wort lernen. Der Professor las das Wort falsch, und mir vermittelte das den Eindruck, dass er nicht Religion studiert hatte. Wenn Sie es nach dem Schriftzeichen lesen, könnten Sie es so lesen wie er es tat, aber die korrekte Aussprache ist *hyo-i*. Es bedeutet „besetzen" oder „spuken, heimsuchen", und Sie begegnen diesem Thema in Filmen und Fernsehsendungen, die vom Okkulten handeln.

Der Unterschied zwischen einer Verwünschung und einem Fluch

In diesem Kapitel geht es um zwei Konzepte: *Verwünschung* oder *Fluch* und Besetzung. Wie hängen sie zusammen?

Solange Sie leben, können Sie von vielen Menschen verwünscht oder mit einem Fluch belegt werden. Was ist der Unterschied zwischen einer *Verwünschung* und einem *Fluch*? Ich bin nicht sicher bei den genauen Nebenbedeutungen jedes Begriffs auf Deutsch, aber nach meiner eigenen Erfahrung kann eine „Verwünschung" durch triviale Bewandtnisse ausgelöst werden.

Vor langer Zeit ging ich in einen Lebensmittelladen, um eine Wassermelone zu kaufen. Ich fragte den Besitzer: „Ist diese Wassermelone reif?" Er brüllte mich an: „Woher soll ich das wissen? Wenn ich das wüsste, wären die Dinge so viel einfacher!" Ich erinnere mich, dass ich mich gekränkt fühlte, weil ich angeschrien worden war. Dieses Maß an Beschimpfung wäre wahrscheinlich eine „Verwünschung".

Was hat es dann mit einem Fluch auf sich? In unserem früheren Film (*Träume ... und Horrorerfahrungen*, Originalgeschichte von Ryuho Okawa, erschienen 2021) nagelt in einer Szene eine Frau mit langen schwarzen Haaren in einem weißen Kimono im Wald eine Strohpuppe an einen Baum. Dies würde man als „Fluch" bezeichnen. Ich habe den Eindruck, ein Fluch ist ein intensiver Wunsch, einen anderen Menschen systematisch in die Hölle zu schicken.

Ich bin mir nicht sicher, ob ich das richtig verstehe. Nicht einmal ein Experte der deutschen Sprache mag den Unterschied kennen, weil sie sich wahrscheinlich für ein solches Thema nicht sonderlich interessieren. Letztlich läuft es darauf hinaus, wie Menschen, die mit der Religion zu tun haben, die Worte verwenden; das ist jedenfalls mein Verständnis.

Wenn Sie also in einer alltäglichen Auseinandersetzung gegenüber einer anderen Person negative Worte ausstoßen, dann wäre das eine „Verwünschung".

Als ich jünger war, reiste ich nach Griechenland, um für meine Buchreihe über Hermes zu recherchieren (vier Bände von *Love Blows Like the Wind*). Ich glaube, ich war noch in meinen Dreißigern. Damals wohnte ich in Nishi-Ogikubo im Bezirk Suginami in Tokio. Als ich aus Griechenland zurückkam, hatte ich Hunger, deshalb ging ich in ein Sushi-Restaurant in der Gegend. Als ich das Sushi aß, fragte mich der Koch: „Sie wirken braungebrannt. Waren Sie verreist?" Darum antwortete ich: „Ich war in Griechenland." Darauf sagte er: „Oh, eine Reise nach Griechenland in so jungen Jahren. Ich bin mir sicher, das wird Ihre späteren Jahre ruinieren." Damit meinte er, dass meine späteren Jahre nicht so toll sein würden, wenn ich bereits verschwenderisch Geld für Auslandsreisen ausgab. Gewöhnlich sagt man so etwas nicht zu einem Gast, aber ich vermute, das war nicht, was er hören wollte. Ich erinnere mich noch an seine Worte.

Dies geschah vor über 30 oder vielleicht vor 32 bis 33 Jahren. Sie könnten also sagen, es sei etwas versnobt für einen jungen Mann, nach Griechenland zu reisen. Ich glaube, der Koch war älter als ich, aber er ließ anklingen, dass er sich den Luxus nicht leisten konnte, nach Griechenland zu reisen. Ehrlich gesagt, arbeitete ich an einer Buchreihe über Hermes und ich musste dorthin fahren. Darum fuhr ich nach Griechenland und reiste dort umher; und dieser Reise verdanke ich, dass ich die Geschichte schreiben konnte. Doch dies bekam ich zu hören. Als Kunde, der dort nur das Essen zahlen wollte, wurde mir gesagt, dass meine späteren Jahre ein Chaos sein würden; es war, als wäre ich verwünscht. Die Tatsache, dass ich dies sogar jetzt noch sage, könnte bedeuten, dass mich seine Verwünschung noch irgendwo heimsucht.

Eine Verwünschung kann mit Gefühlen wie Eifersucht einhergehen. Eifersucht und Neid sind vielleicht keine sehr tiefsitzenden oder ernsten Gefühle, aber sie sind negative Reaktionen auf einen anderen Menschen, die als Bestandteil menschlicher Grundemotionen auftauchen. Darum können Sie es sich nicht verkneifen, anderen etwas zu sagen. Sobald Sie das tun, verfolgen Ihre negativen Gefühle diese Personen, als würde Vogelleim an ihnen kleben. Das ist eine Verwünschung.

Die Beispiele für Flüche, mit denen mich andere Religionsgemeinschaften belegten

Bei einem Fluch haben Sie Gedanken wie, „Ich werde ihm nie verzeihen. Wünschen wir ihm zusammen den Tod". Wenn sich Ihr Hass in dem

Maß verstärkt, wird er zu einem Fluch. Oben führte ich das Beispiel einer Verwünschung an – wie mir gesagt wurde, dass meine späteren Jahre nicht gut verlaufen würden, als ich über meine Griechenlandreise sprach –, doch mit Flüchen wurde ich schon vorher belegt.

Fall 1: Ein tödlicher Fluch wurde von einer in Tachikawa City ansässigen Religionsgruppe ausgesprochen

Dies geschah um dieselbe Zeit wie die eben erwähnte Erfahrung, das war etwa das Jahr 1990. Damals hielt ich häufig Lehrreden in der Yokohama-Arena, die circa 10.000 Sitzplätze hat. Am Tag vor der Lehrrede begannen wir, den Veranstaltungsort vorzubereiten, weil wir alles bauen mussten – vom Podium zu den Gängen zum Wartebereich. Dafür beauftragten wir einen Bauunternehmer, der mit den Schreinerarbeiten der Yokohama-Arena vertraut war.

Dann hörte ich von einem meiner Sekretäre folgende Geschichte. Damals erzählten mir meine Sekretäre alles, ohne zu überlegen, ob das angemessen war oder nicht. Deshalb erzählten sie mir einfach, was sie gehört hatten, obwohl es unmittelbar vor meiner Lehrrede war. Offensichtlich hatte der Bauunternehmer einige Tage vor meinem Auftrag für eine in Tachikawa City ansässige Religionsgemeinschaft Arbeiten ausgeführt. Als die Religionsgemeinschaft erfuhr, dass ich als Nächster dort eine Lehrrede halten würde, sagten diese Leute: „Wie kann er es wagen! Belegen wir ihn mit einem Todesfluch." Der Bauunternehmer sagte, die Gruppe habe in ihrem Dojo ein rituelles Gebet durchgeführt, um mich mit einem Todesfluch zu belegen.

Ich wünschte, sie hätten es mir nicht unmittelbar vor der Lehrrede gesagt, denn das sorgte sicher nicht dafür, dass ich mich besonders großartig fühlte. Meine damaligen Sekretäre dachten wahrscheinlich, „Das müssen wir den Meister wissen lassen. Wir können den Meister nicht so aufs Podium lassen. Wir sollten es ihm sagen, damit er sich wehren könnte."

Als ich über die Situation informiert wurde, dachte ich, „Was? Mich mit einem Fluch belegen und mich töten? Na los, wenn sie meinen, dass sie das können." Meine Sekretäre erfüllten ihre Pflicht, es mir mitzuteilen, und weil diese Gruppe mich ins Visier genommen hatte, hatte ich keine andere Wahl als ihren Fluch abzuwehren. Sie beteten: „Wir werden seine Lehrrede ruinieren!", deshalb sagte ich zu mir: „Ich werde ihn abwehren!" Ich erinnere mich nicht mehr, welche Lehrrede es war – vielleicht war es „Liebe ist unendlich" oder eine andere, die ich zu jener Zeit hielt.

Nach der Lehrrede bekam ich weitere Informationen. Die Menschen in der Religionsgemeinschaft sagten: „Warum stirbt er nicht? Die meisten Menschen sterben, wenn wir einen Fluch dieser Größenordnung aussprechen." Diese Geschichte hörte ich, nachdem meine Lehrrede sicher und erfolgreich beendet war. Ich bin mir nicht sicher, ob die Gruppe mit 10 oder 20 Personen betete, aber sie schienen sich zu wundern, „Warum ist er nicht zusammengebrochen? Normalerweise stirbt ein Mensch, bricht zusammen oder wird sofort in ein Krankenhaus eingeliefert, wenn wir mit so vielen Mitgliedern einen Fluch aussprechen."

Dies ist wahrlich ein Fluch. Es ist eine Art von Verwünschung, die viel boshafter und brutaler ist. Es ist klar, dass da ein Teufel beteiligt war.

Fall 2: Ein Fluch, ausgesprochen von einer esoterischen buddhistischen Sekte in Kyoto

Auch in Kyoto machte ich die Erfahrung eines Fluches. Die Rundfunkstation Kyoto Broadcasting System hat eine Art Vortragssaal, den ich einmal mietete, um ein Seminar für einige Hundert Teilnehmer abzuhalten. Während meines Aufenthalts in Kyoto wurde ich auch Zielscheibe eines Fluches.

Die oben erwähnte Gemeinschaft aus Tachikawa (Shinnyo-en) stützt sich auf esoterischen Buddhismus, und in Kyoto gibt es eine weitere Gruppe dieser Art. Ihr Begründer ist bereits verstorben, doch sie wurden in den 1970ern bekannt, etwa 10 Jahre vor der Gründung von Happy Science. Der Begründer war älter als ich. Er hatte seine Gruppe lange Zeit geleitet, aber eine Zeit lang hatte sie keine Bekanntheit erlangen können. Ich glaube, seine Frau war Zahnärztin, und er lebte von ihrem Einkommen, um seine Gruppe einige Jahrzehnte lang zu führen.

Doch eines Tages wurden seine Bücher wie *Esoteric Buddhist Astrology* (dt. etwa Esoterische buddhistische Astrologie) plötzlich Bestseller. Er vertrat Dinge wie „Esoterischer Buddhismus kann Ihr Schicksal verändern" und „Falls Sie schlechte Eltern haben, durchtrennen Sie das Karma zwischen Elternteil und Kind". Genau wie die Disziplin der „1000-Tage-Gipfelumkreisung" hielt er die Disziplin der „1000-Tage-Sitzmeditation" hoch und sagte: „Wenn Sie in einer bestimmten Sitzhaltung 1000 Tage lang meditieren, werden Sie die schlechte spirituelle Bindung zwischen Eltern und Kind durchtrennen und Ihr Schicksal verbessern können."

Er machte auch bestimmte Äußerungen bekannt wie „Schalten Sie Ihren Kanal um". Er vereinfachte die Lehre und sagte: „Schalten Sie einfach Ihren Kanal um, dann kann sich Ihre Wellenlänge auf einen anderen Ort einstellen und Ihr Leben wird sich verändern." Das ist so ähnlich wie die Vorstellung, dass Sie die Buddhaschaft sofort in Ihrem Leben erlangen können. Er lehrte: „Sie brauchen nur den Kanal Ihres Geistes zu ändern, dann können sie sofort übermenschlich werden." Seine Gruppe wurde dann bekannt und wurde in gewissem Maß eine

Sensation. Einige ihrer Mitglieder arbeiteten für eine Werbeagentur, darum hatte die Gruppe professionelle Unterstützung.

Die Leute dieser Religionsgemeinschaft schienen einen Groll gegen mich zu hegen und versuchten tatsächlich, mich mit einem Todesfluch zu belegen. Als sie hörten, dass ich nach Kyoto komme, belegten sie mich mit einem Fluch, doch mein Seminar endete ohne Probleme. Ich weiß nicht, warum, aber irgendwie erfuhr ich später, dass der Gründer ausrief, „Warum ist er nicht tot? Jeder, den ich mit einem Fluch belege, sollte sterben". (Der Name der Gruppe ist Agon Shu, eine buddhistische Religionsgemeinschaft, die sich auf Agama-Sutras stützt, sonst auch bekannt als Kiriyama Esoterischer Buddhismus.)

Böse esoterische buddhistische Religionsgemeinschaften sind häufig so. Sie sind ähnlich wie Voodoo; die Praktizierenden können Todesflüche aussprechen. Das können sie wahrscheinlich, weil die glauben, ihr Ziel sei ein Teufel.

Trotzdem erfuhr ich später, dass sein Fluch abgewehrt wurde und dass er zusammenbrach, während er irgendein Ritual durchführte.

Ihr Geist wird sich auf die Hölle einstimmen, falls er ständig negative Schwingungen aussendet

Falls die Zielperson in Wirklichkeit böse ist und versucht, die Welt zu einem schlechten Ort zu machen, dann kann eine Verwünschung oder ein Fluch diese Person tatsächlich niederstrecken. In diesem Fall wird der Fluch nicht abgewehrt werden und wird Wirkung zeigen. Doch falls die Zielperson sich fleißig und ernsthaft bemüht in ihrer spirituellen Disziplin, dann kann der Fluch abgewehrt werden. Dies wird als „Spiegelmethode" bezeichnet – die grundlegende Gegenmaßnahme gegen einen Fluch.

Je länger Menschen leben, desto häufiger werden sie den Hass und die Eifersucht verschiedener Leute auf sich ziehen oder andere unabsichtlich mit ihren Worten verletzen. Um bei solchen Gelegenheiten nicht blind in Schwierigkeiten zu kommen, ist es wichtig, zum Selbstschutz immer bereit zu sein, Verwünschungen und Flüche abzuwehren.

Falls Sie auf Wut mit Wut reagieren und sich beide Seiten immer wieder rächen, wird sich die Situation nur verschlimmern. Das passiert häufig bei häuslicher Gewalt oder häuslichen Streitereien; wenn Sie Ihren Partner beschimpfen, dann wird der Partner dagegenhalten. Dann wird die Situation eskalieren, und je mehr Sie streiten, desto mehr wird er oder sie widersprechen. Bald kommt es zu einer körperlichen Auseinandersetzung. Sie beginnen mit Fäusten und Beinen, und sobald Sie boxen und treten, könnte einer ein Küchenmesser holen und der andere könnte sich wehren, indem er mit Töpfen und Pfannen wirft. Diese Geschichte habe ich tatsächlich gehört. So etwas eskaliert mit der Zeit.

Darum ist es sehr wichtig, sich negative Worte anderer nicht zu Herzen zu nehmen. Wenn Sie Groll gegen jemanden hegen, ihn verwünschen oder wütend auf jemanden werden, kann das nicht nur in Ihrem eigenen Geist Disharmonie hervorrufen, sondern auch in der anderen Person. Falls Ihr Geist dadurch aufgewühlt ist und dieser Zustand anhält, mit anderen Worten, falls Ihr Geist ständig negative Schwingungen aussendet, dann wird er sich mit der Zeit auf einen Bereich in der Hölle einstimmen, in dem sich Geistwesen mit ähnlichen Schwingungen wie Ihren versammeln.

Manche Geistwesen können nicht einmal in die Hölle kommen, sondern streifen immer noch in dieser Welt umher auf der Suche nach Menschen mit einer ähnlichen Einstellung. Wenn eine lebende Person ähnliche Gedanken aussendet wie die der Geistwesen in der Hölle oder böser Geistwesen oder boshafter Geistwesen, die auf der Erde umherstreifen, dann werden die Geistwesen durch das Gesetz derselben Wellenlänge zu der Person hingezogen wie zu einem Magneten.

Falls dies nur ein vorübergehendes Gefühl ist, das bald wieder abklingt, können diese Geistwesen Sie nicht lange besetzen. Es ist wie die Oberfläche eines Sees. Wenn Sie einen Stein in einen See werfen, bilden sich zuerst Wellen, doch nach einer Weile beruhigt sich das Wasser, und die Wellen hören auf. Genauso werden Sie fähig, diese Geistwesen abzuwehren. Doch falls Sie einen Stein nach dem anderen ins Wasser werfen, wird das Wasser immer aufgewühlt sein; genauso kann Ihr Geist ständig in einem aufgeregten Zustand sein.

Wenn Sie eine bestimmte Zeit lang weiterhin schlechte, heftigen Wellen ähnliche Schwingungen aussenden, stimmen Sie sich auf gleichgesinnte Geistwesen ein, selbst wenn Sie nicht wissen, was für Schwingungen Sie in einem religiösen Sinn aussenden. Um die weiter oben benutzte Wendung zu gebrauchen – „Schalten Sie Ihren Kanal um" – Ihr „Kanal" wird sich gleichgesinnte Geistwesen einstimmen, und die werden zu Ihnen kommen.

2 Die drei auf die Hölle eingestimmten Gifte des Geistes: Gier, Wut und Dummheit

Gier: Japanische Volksmärchen warnen vor übermäßiger Begierde

Über negative Gedanken habe ich gesprochen. Wie ich in meinen Lehren häufig sage, sind die typischsten die Drei Gifte des Geistes – Gier, Wut und Dummheit.

Gier bedeutet, übermäßiges Verlangen zu haben. Als Beispiel dafür dient das gierige alte Ehepaar in japanischen Volksmärchen. Die Märchen stellen häufig die Strafe, mit der ein gieriger Mensch konfrontiert ist, anschaulich dar.

Nehmen Sie beispielsweise die Geschichte *Der alte Mann, der die Blumen zum Blühen brachte.* Ein altes Ehepaar hat einen Hund, der ständig im Hof bellt, darum gräbt der alte Mann an der Stelle, an der der Hund bellt, und findet viele Schätze. Als ein gieriges altes Ehepaar, das nebenan wohnt, dies hört, bitten die beiden ihn, ihnen den Hund auszuleihen. Der gierige alte Mann nimmt den Hund gewaltsam und drängt ihn zum Bellen. Widerwillig beginnt der Hund zu bellen. Doch als er an der Stelle gräbt, findet er keinerlei Schatz; stattdessen kommen verschiedener Müll und Monster zum Vorschein. Der gierige alte Mann gerät in Rage und tötet den ausgeliehenen Hund.

Die Besitzer begraben ihren geliebten Hund und heben ihm ein Grab aus. Dort wächst dann ein Baum, und als sie ihn zurückschneiden, verbrennen und die Asche rings um verkümmerte Kirschblütenbäume ausstreuen, geschieht ein Wunder: Es blüht eine Blume nach der anderen. Als ein örtlicher Grundherr davon erfährt, kommt er vorbei und belohnt den alten Mann, der die Blumen zum Blühen brachte.

Der gierige alte Mann sagt: „Auch ich kann leicht Blumen zum Blühen bringen", und er versucht das Gleiche. Aber seine Blumen blühen nicht, und der gierige alte Mann wird bestraft.

Wie diese Geschichte uns erzählt, glauben die Menschen schon seit alter Zeit, dass diejenigen mit übermäßigem Verlangen in dieser Welt auf die eine oder andere Art bestraft werden. Oder vielmehr glaubten sie, dass nach dem Gesetz von Ursache und Wirkung irgendeine Art von Strafe auf sie zukommen muss.

Gierig zu sein, ist also ein Laster. Übermäßiges Verlangen gilt als ein Laster, das verschiedene Übel hervorbringt.

Dies trifft im Allgemeinen zu. Es ist nichts verkehrt daran, wenn Menschen auf eine Art leben, die ihrem Niveau entspricht, aber manche gieren nach mehr, als sie verdienen.

Ich erwähnte vorhin die Geschichte über das Wunder, das ein altes Ehepaar nebenan erlebte, doch das Gleiche lässt sich auch über Lotterie sagen. Einfach nur zu erfahren, dass Ihr Nachbar nebenan den ersten Preis in einer Lotterie gewonnen hat, kann Ihren Geist durchaus aufwühlen. Ein Anteil von Ihnen könnte denken, „Warum kann ich nicht gewinnen?" Und Sie sind vielleicht versucht, Ihre Gereiztheit an jemandem oder etwas auszulassen. Insofern zeigt sich Gier in verschiedenen Formen.

Gier und der Drang, Böses zu tun, wie sie von ehemaligen und künftigen Schülern renommierten Schulen gesehen werden

In manchen Menschen flammt der Neid auf, wenn sie nur sehen, wie andere von ihrem Lernen gute Noten bekommen. Dazu ein Beispiel: Die angesehene Kaisei High School führt jedes Jahr eine bekannte Sportveranstaltung durch; und ich stieß einmal auf einen Zeitungsartikel, in dem berichtet wurde, dass während dieser Veranstaltung ein Feuer ausbrach. Das geschah in dem Raum, in dem die Geräte für den Sportunterricht aufbewahrt wurden; und die Feuerwehr wurde gerufen. Wie sich herausstellte, war der Täter ein Absolvent der Kaisei High School. Ihm war versprochen worden, wenn er erst in der Kaisei High School wäre, würde er eine erfolgreiche Zukunft haben, doch die Dinge entwickelten sich nicht, wie er erwartet hatte. Darum verspürte er den Drang, ein Feuer zu legen und für einen Eklat zu sorgen, als er an Schülern vorbeiging, die die Sportveranstaltung genossen. Ich erinnere mich, dass ich das vor langer Zeit las.

Hier ist eine andere Geschichte. Früher waren Vorbereitungsschulen für die Hochschule beliebt, wenngleich ich mir nicht sicher bin, ob das heute auch noch zutrifft. Heutzutage gibt es weniger Kinder, deshalb mag die Situation heute anders sein als früher. Doch früher einmal gab es nicht genügend Hochschulen und Universitäten, um alle aufzunehmen, die sie besuchen wollten; und das Bauen neuer Schulen genügte nicht, um das Problem zu lösen. Darum musste ungefähr die Hälfte der Bewerber ein zusätzliches Jahr lernen, um im darauffolgenden Jahr eine Aufnahmeprüfung zu bestehen. Diese Situation hielt eine ganze Weile an.

Unter den Vorbereitungsschulen für die Hochschule war die Sundai Preparatory School besonders bekannt dafür, viele Schüler auf die leistungsorientiertesten Universitäten in Japan zu schicken. Die Schüler in dieser Vorbereitungsschule mit den besten Leistungen wurden in den „Morgenkurs" eingeschrieben. Im Morgenkurs gab es Kurse sowohl für Geisteswissenschaften wie auch für Naturwissenschaften, und etwa die Hälfte der Studenten, die diesen Kurs besuchten, wurden zur Universität Tokio zugelassen.

Ein Schüler dort gab an, er habe den Drang verspürt, eine Bombe in das Gebäude zu werfen. Er sagte weiter, wenn das Gebäude explodierte, würden 200 bis 300 Schüler sterben, die sonst auf die Universität Tokio gehen würden, und dies würde für mehr Plätze und weniger Wettbewerb sorgen, zur Universität zugelassen zu werden. Auch dies ist ein Problem im Zusammenhang mit Gier. Oder vielleicht geht es nicht nur um Gier, sondern auch um sich überschneidende Wut und Dummheit, die ich als Nächstes besprechen werde.

Wut: Was Sie tun können, wenn Sie vor Wut rasen, weil Sie nicht gewinnen können

Der nächste Punkt ist Wut, Ärger oder die Beherrschung zu verlieren. Im Allgemeinen werden Menschen durchaus wütend; das Gleiche gilt auch für Tiere. Tiere wehren sich gegen jegliche Feinde, die es auf sie absehen und sie angreifen.

Ein Kampf zwischen einem Hund und einer Katze ist ein ziemliches Ereignis. Wenn der Hund bellt, macht die Katze einen Buckel, stellt Fell und Schwanz auf und faucht. Die Katze weiß, dass sie dem Hund körperlich unterlegen ist, darum wartet sie auf den richtigen Moment, um einen entscheidenden Schlag auszuführen; sie spannt sich an und bereitet sich darauf vor, den Hund in die Schnauze zu kratzen, sobald der Hund angreift. Der Hund weiß das auch, deshalb kann er sich nicht bewegen, bis die Katze nicht aufpasst. Es ist einem intensiven Kendo-Kampf recht ähnlich. Manchmal läuft ein Tier von beiden vielleicht plötzlich davon, wenn es das Gefühl hat, dem anderen nicht gewachsen zu sein.

Das kommt auch bei den Menschen vor. Wo Wettbewerb herrscht, entsteht eine Ungleichheit zwischen dem Überlegenen und dem Unterlegenen. Manche Menschen hegen Gedanken wie, „Ich möchte andere ruinieren", „Ich möchte der einzige Gewinner sein" oder „Ich möchte ihn aus seiner Stellung jagen". Da kommt natürlich Ärger auf, und dieser Ärger wird nicht aufhören, sofern Sie nicht die religiöse Wahrheit kennen.

Nehmen Sie zum Beispiel ein Vorsprechen für eine weibliche Rolle. Viele wunderschöne Frauen kommen zum Vorsprechen, darum werden einige vielleicht frustriert und denken, „Bei so vielen Leuten kann ich die Rolle unmöglich bekommen". Selbst eine bekannte Schauspielerin, die den Academy Award gewann, sagte: „Bei einem Vorsprechen sehen Sie hundert andere Leute, die genauso hübsch sind wie Sie. Ich bin zu Hunderten davon gegangen und bin hundert Mal gescheitert."

Offensichtlich hat die Schauspielerin, die in *The Amazing Spider-Man* die Rolle der Gwen spielte (Emma Stone) dies erlebt. Sogar jemand wie sie, die den Academy Award gewonnen hat, sagte, anfangs habe sie hundert Mal vorgesprochen und sei hundert Mal abgelehnt worden. Das bedeutet, es gibt bereits viele genauso charmante oder gutaussehende Mädchen auf der Welt, und es ist leicht, Hundert von ihnen zusammenzubringen. Darum muss das recht hart sein.

Bei solchen Gelegenheiten ist es wichtig, den Frieden in Ihrem Geist zu bewahren und sich weiterhin zu verbessern und zu trainieren, statt einfach nur neidisch, nachtragend oder wütend auf andere zu sein. Doch das geht nicht so einfach.

Die Welt dreht sich nicht um Sie und nicht alles wird für Sie und nur für Sie richtig laufen. Andere streben auch nach ihrer Selbstverwirklichung, nach Erfolg und Glück. Es ist schwer zu wissen, welcher „Preis" für Sie angemessen ist, wie bei einer Lotterie. Sie wissen nicht, was richtig oder angemessen für Sie ist, wenn Sie nicht durchs Leben gehen.

Viele Male werden Ihre Anstrengungen keine Früchte tragen. Sie werden sicherlich eine solche Phase durchleben, doch dann müssen Sie sich sagen, dass Sie in dieser Zeit geprüft werden. Wenn Ihre Anstrengungen keine Früchte tragen, werden Sie geprüft, um zu schauen, ob Sie aufgeben oder nicht.

Das Wettbewerbsverhältnis kann eins zu zehn, eins zu hundert oder sogar eins zu tausend betragen; je mehr Menschen aufgeben, desto geringer wird der Wettbewerb sein. Dies ist auch ein Segen, weil die Menschen nicht zu Tode konkurrieren müssen.

Einige geben bei Problemen und Widrigkeit auf, während andere darauf warten, dass die Zahl der Konkurrenten abnimmt. Doch wenn Sie sich weiterhin anstrengen, unabhängig davon, was geschieht, bekommen Sie vielleicht zu irgendeinem Zeitpunkt die beste Gelegenheit, um die Ergebnisse zu erzielen, die Sie sich wünschen. Wenn eine solche Gelegenheit kommt, werden Sie geprüft, um zu schauen, ob Sie die Gelegenheit beim Schopf packen können.

Das Leben ist hart, aber Groll oder Bitterkeit anderen Menschen gegenüber zu hegen, macht es nicht besser. Bitte tun Sie weiterhin, was Sie tun können, und warten Sie, dass Ihnen eine Gelegenheit begegnet.

Falls sich keine Gelegenheit ergibt, wird sich ein anderer Weg eröffnen

Doch zu manchen Zeiten werden sich Ihnen keine Gelegenheiten bieten. In diesem Fall ist das der Göttliche Wille, deshalb können Sie daran nichts ändern. Der Göttliche Wille teilt Ihnen vielleicht mit, „Finde einen neuen Beruf" oder „Es gibt einen anderen Weg für dich". Einige sprechen vielleicht für eine Rolle vor und gewinnen dieses Vorsprechen zufällig, nur um nach einem einzigen Film einen schlechten Ruf zu bekommen und langsam aus der Filmindustrie zu verschwinden. Sie wissen nie, was Sie glücklich macht.

Folgendes habe ich vom Besitzer eines Uhrenladens gehört, in den ich gehe. Nach seinem Abschluss an der Juristischen Fakultät der Waseda Universität bereitete er sich auf die Anwaltsprüfung vor und nahm währenddessen einen Teilzeitjob in einem Kaufhaus an, bei dem er den Kunden Armbanduhren brachte und sie verkaufte. Weil er mehrere Jahre auf sein Examen hin studiert hatte, war er verglichen mit anderen Studenten, die Teilzeit arbeiteten, in einem reiferen Alter. Das erhöhte seine Glaubwürdigkeit und seine Verkäufe im Vergleich zu seinen Kollegen. Weil er mehr Umsatz machte, arbeitete er dort, bis das sein Hauptberuf wurde. Irgendwann eröffnete er sein eigenes Uhrengeschäft und darin arbeitet er jetzt schon einige Jahrzehnte.

Er bereitete sich auf die Anwaltsprüfung vor, doch bevor er sich versah, führte er ein Geschäft für Armbanduhren. Diese Richtungsänderung im Leben ist etwas, was er selbst sich nicht vorgestellt hatte. Wahrscheinlich wusste er nicht einmal, dass er in dem Kaufhaus mehr Armbanduhren verkaufen konnte als die anderen Teilzeitkräfte.

Für die Anwaltsprüfung las er Bücher und bemühte sich sehr, sich die gerichtlichen Präzedenzfälle und die Gesetze einzuprägen. Er wiederholte die Prüfung Jahr für Jahr; in der Zwischenzeit arbeitete er als Uhrenverkäufer. Er sagte, er sei bis in die Präfektur Tokushima gefahren und verkaufte dort Armbanduhren im Marushin-Kaufhaus. Er hatte bereits mehrere Jahre lang Armbanduhren verkauft, deshalb war er älter als die anderen Teilzeitkräfte; die Kunden hatten das Gefühl, dass er mehr Lebenserfahrung hatte und vertrauenswürdiger war. Sie sahen ihn wahrscheinlich als den Verkaufsleiter des Uhrengeschäfts.

Unverhofft zeigte er seine Talente in dieser Uhrenbranche und erwarb eine Menge Wissen. Als er sich die Handbücher verschiedener Armbanduhrmarken durchsah und die Uhren verkaufte, lernte er von selbst etwas über Armbanduhren und merkte sich die Details. Er begann, selbst Armbanduhren zu importieren und sie zu verkaufen, bis er irgendwann seinen eigenen Laden eröffnete.

Ein solches Leben ist möglich, deshalb ist es am besten, sich nicht in die Ecke zu drängen und zu begrenzen, indem Sie denken, „Ich habe nur das".

Die Art von Menschen, die ein Uhrengeschäft führen und damit erfolgreich sein können, eignen sich nicht wirklich dafür, Richter oder Staatsanwalt zu werden. Anwälte können zum Teil besser abschneiden, wenn sie redegewandt sind, doch Anwälte sind keine Verkäufer. Seit dem 19. Jahrhundert gibt es im Japanischen den Begriff *sanbyakudaigen* (wörtlich ist das ein Winkeladvokat, der einen Fall für wenig Geld – 300 Münzen – übernimmt und den Fall mit Tricks gewinnt). Genauso könnten manche Anwälte das Gesetz als reines Geschäft praktizieren und nur arbeiten, um Fälle zu gewinnen, sogar indem sie lügen oder betrügen. Im japanischen Fernsehdrama *Legal High* gewinnt Anwalt Komikado alle Fälle, die er annimmt, doch Anwälte mit einer ausgeprägten Verkäufermentalität könnten ihre Glaubwürdigkeit verlieren. Sie müssen die Ruhe bewahren und in gewissem Maß beherrscht sein.

Es ist schwierig zu wissen, was für ein Talent Sie haben. Doch wenn Sie aufrichtig leben, wird sich Ihnen an irgendeinem Punkt ein Weg eröffnen. Als ich jung war, las ich folgende Wendung: „Wenn sich im Leben eine Tür schließt, öffnet sich eine andere", und ich glaube wirklich, dass dies stimmt.

Wenn ich auf mein eigenes Leben zurückblicke, habe ich viele Dinge studiert und ganz unterschiedliche Arbeiten erledigt. Aus der Gesamtperspektive ist meine Hauptfunktion jetzt die eines Religionsführers. Und als Rückgrat meiner umfassenden Arbeit dient die Tatsache, dass ich ganz unterschiedliche Menschen kenne, auch Ausländer; ich habe sie getroffen und mit ihnen geredet und ich habe verschiedene Orte besucht und mich mit unterschiedlichen Themen beschäftigt.

Wenn jemand eine Lehrrede über Verwünschungen, Flüche und Besetzung als Hauptbestandteil seiner Arbeit halten sollte, dann würden naturgemäß nicht viele Leute kommen. Vielleicht Leute, die von der Religion angetan sind, aber einfache Menschen würden eine solche Lehrrede nicht besuchen. Selbst wenn der Redner darüber an einer

Universität reden würde, würden vielleicht nur die Studenten mit dem Hauptfach Religion – also nur ein paar Studenten – kommen. So ist es nun einmal.

Dummheit: Buddhas Wahrheit nicht zu kennen, führt zu Unwissenheit

Nach Gier und Ärger, Wut, ist der nächste Bestandteil Dummheit oder Unwissenheit. Ursprünglich bedeutet es, „Buddhas Wahrheit nicht zu kennen". Zahlreiche Menschen in dieser Welt kennen Buddhas Wahrheit nicht. Diejenigen mit hohem gesellschaftlichem Status, gesellschaftlicher Glaubwürdigkeit und gutem Bildungshintergrund oder die sehr Kenntnisreichen können völlig unwissend sein in Bezug auf die religiöse Wahrheit. Das ist sehr bedauerlich.

Zum Beispiel erledigen Ärzte im Allgemeinen die Arbeit eines Bodhisattwas, indem sie das Leben von Menschen retten; ebenso werden Krankenschwestern „Engel in Weiß" genannt. Wenn sie mit guter Absicht gute Arbeit leisten, können sie in eine Welt der Engel oder Bodhisattwas zurückkehren. Doch es gibt unterschiedliche Arten von Ärzten und Pflegekräften, darunter auch solche, die ihre Patienten schlecht behandeln oder immer wieder medizinische Fehler machen. Vielleicht leiden sie unter einem schlechten Gewissen oder, im Gegenteil, sie greifen zu Maßnahmen an der Grenze der Legalität.

Ihr Beruf ist nicht der einzige Faktor, der Ihre Bestimmung entscheidet. Welchen Beruf Sie auch haben, die entscheidenden Punkte sind „die Art der Gedanken, die Sie während Ihres Lebens hatten" und „die Art von Errungenschaften, die Sie hinterlassen".

Die Unkenntnis der religiösen Wahrheit ist auf dem Gebiet der Medizin weit verbreitet und hat sich sogar in das Gebiet religiöser und buddhistischer Studien ausgebreitet. Einige Professoren halten Vorträge über Buddhas Lehren und den Buddhismus, wobei sie glauben, „So etwas wie ein Geistwesen oder eine Seele gibt es nicht" oder „Gott oder Buddha existieren nicht". Manche von ihnen denken, „Buddha hat es vielleicht in der Vergangenheit gegeben, aber jetzt ist er nur eine geschnitzte Buddhastatue aus Holz". Andere denken, „Die Bronzestatue des sitzenden Buddha ist innen hohl. Sei es die in Kamakura oder in Nara, sie ist innen hohl, und die Touristen können hineinschauen. Sie ist leer, dadurch ist klar, dass dort keine Seele ist. Was nützt es, zu diesen Statuen zu beten, die Touristen und Studenten auf Exkursionen besuchen können, in die sie hineingehen und bei denen sie die Treppen hinaufsteigen und sie anschauen können?"

Manche Menschen glauben also, dass die aus Bronze, Holz oder Einlegearbeit gefertigte Statue tatsächlich Buddha ist. Auf dieser Stufe ist ihr Bewusstsein, und sie haben nur ein kulturelles Verständnis davon. Einige Forscher glauben sogar, „Buddha war ein primitiver Mann der Jomon-Zeit (rund 14.500 bis 300 vor Christus), darum konnte er unmöglich Lehren auf hohem Niveau vermitteln. Wenn wir sie im heutigen Kontext interpretieren, sind sie keine große Sache".

Unkenntnis durch eine oberflächliche Übersetzung der Konfuzius-Lehren, weil den Lehren in der Übersetzung der edle und niveauvolle Ton genommen wurde

Das Gleiche lässt sich über das Studium des Konfuzianismus sagen. Ich werde nicht kommentieren, ob Konfuzius ein bedeutender Mensch war, aber *Die Analekten* können einen bestimmten machtvollen Ton innehaben, wenn sie erhaben und würdevoll übersetzt werden. Doch wenn sie in eine einfache, moderne, leichtverständliche Sprache übersetzt werden, mögen viele Teile keine Bedeutung haben.

Ein Beispiel: In *Die Analekten des Konfuzius* heißt es: „Und ist es nicht ergötzlich, Gleichgesinnte von weither zu sich kommen zu lassen?" Wie wäre es, wenn diese Zeile etwa so übersetzt werden würde: „Meine Freunde sind von weither gekommen. Es würde Spaß machen, mit ihnen zusammen zu sein."? Ich kann mir nicht helfen, aber das klingt zu seicht und unintelligent. Wenn Sie lesen: „Ein paar Freunde, die weit weg wohnen und die ich nicht oft treffen kann, kamen zu mir zu Besuch. Das wird Spaß machen", dann würden Sie infrage stellen, warum Sie dankbar dafür sein sollten, so etwas zu erfahren.

Hier ein anderes Beispiel: Konfuzius wurde gefragt: „Gibt es eine Welt nach dem Tod?" Er antwortete: „Wenn wir das Leben nicht kennen, wie können wir dann den Tod kennen?" Diese Worte bedeuten, „Bevor Sie überhaupt etwas über das Leben in dieser Welt und seine Bedeutung erfahren, wie würden Sie da etwas über das Jenseits wissen?" Wenn dies würdevoll und erhaben gesagt wird und wenn Sie sich die Bedeutung der Aussage vorstellen, indem Sie ihren göttlichen Ton spüren, dann wird das eine wichtige Lehre.

Diese Wendung lehrt die lebenden Menschen: „Korrigieren Sie zuerst Ihr derzeitiges Leben, bevor Sie über das Leben nach dem Tod nachdenken. Zuerst müssen Sie Ihr Leben jetzt richtig leben. Erst dann sollten Sie über das Jenseits nachdenken." Wenn Sie seine Worte mit guter Absicht verstehen, dann lassen sie sich so auffassen: „Einerlei, wie viel Sie über die Welt jenseits des Todes nachdenken, wenn Sie jetzt in der Gegenwart kein guter Mensch sind, dann können Sie unmöglich im Jenseits gut sein. Es hat keinen Sinn, sich darüber Sorgen zu machen. Geben Sie also in der Gegenwart Ihr Bestes. Leben Sie jetzt das bestmögliche Leben. Das Ergebnis im Jenseits wird folgen."

Der Fehler in der Interpretation durch die Tendai-Schule und den Reines-Land-Buddhismus

Einige mögen fragen: „Ich habe alle möglichen schlimmen Dinge gemacht, aber werden Sie etwas für mich tun, damit ich nach dem Tod in den Himmel komme?" Diese Menschen gehen vielleicht zum esoterischen Buddhismus und suchen nach einer „Instant"-Erlösung, genau wie man in drei Minuten eine Tasse Nudeln kochen kann.

Ich möchte sie nicht übermäßig kritisieren, und vielleicht hegen die Praktizierenden der Tendai-Schule des Buddhismus auf dem Berg Hiei einen gewissen Groll gegen mich. Doch sie nehmen nur einen Teil von Buddhas Lehren und behaupten: „Menschen haben die Buddha-Natur. Wir sind alle Kinder Buddhas, deshalb ist jeder bereits ein Buddha."

Praktizierende verschiedener buddhistischer Schule bestiegen den Berg Hiei, um sich buddhistischem Training zu unterziehen, aber sie alle fragten sich: „Warum müssen wir trainieren, wenn wir ursprünglich erleuchtet und die Kinder Buddhas mit Buddha-Natur sind?" Diese Frage konnten sie nicht beantworten. Selbst nachdem sie einige Jahre buddhistischen Trainings auf dem Berg Hiei abgeschlossen hatten – manchmal 10 bis 20 Jahre –, stiegen viele dieser Praktizierenden wieder herunter, ohne die Antwort zu finden.

Das ist auch heute noch so. Einige praktizierende Buddhisten sagten, sie fanden endlich die Antwort, nachdem sie mit Happy Science in Berührung gekommen waren und meine Bücher gelesen hatten. Ich meine, es war in den 1990er-Jahren; zwei buddhistische Priester, „Dai-sojo"-Mönche (die höchste Stufe der buddhistischen Priesterschaft) der Tendai-Schule, wurden gleichzeitig regelmäßige Mitglieder bei uns, wie wir sie damals nannten, jetzt sogenannte Devotees. Einer von ihnen hatte das Training der „1000-Tage-Gipfelumkreisung" absolviert. Ich glaube, nach dem Zweiten Weltkrieg haben nur ungefähr drei Personen in Japan dieses Training absolviert. Diese Person sagte: „Im Grunde war ich mir nicht sicher, ob ich wirklich ein Buddha werden könnte, indem ich die Praktik der Gipfelumkreisung abschließe. Doch nachdem ich Happy-Science-Bücher gelesen hatte, verstand ich zum ersten Mal, dass Erleuchtung etwas ganz anderes ist. Darum bin ich Happy Science beigetreten."

Vom Standpunkt verschiedener Religionsgruppen äußere ich mich gelegentlich freimütig über Dinge, die für sie feindselig klingen mögen. Doch selbst unter ihren Anhängern suchen manche mit reinem Herzen den Glauben und können verstehen und annehmen, was ich lehre.

Ein Problem liegt auch in den Lehren des Reines-Land-Buddhismus; er lehrt, gleichgültig, wie schlecht ein Mensch sein mag, Amitabha Buddha wird ihn erlösen. Doch je nachdem, wie die Lehre angewandt wird, kann es den Menschen entweder helfen oder ihnen schaden.

Einige sagen vielleicht: „Ich habe mein ganzes Leben lang zu viele schlimme Dinge getan. Besteht keine Chance, dass ich erlöst werde?" Falls die Praktizierenden des Reines-Land-Buddhismus ihre Lehre gut einsetzen, können sie diesen Menschen sagen: „Selbst wenn Sie ein schlechtes Leben geführt haben, haben Sie, solange Sie leben, dennoch eine Chance. Ändern Sie Ihre Gesinnung, praktizieren Sie die Lehren und tragen Sie zur Welt bei; dann gibt es für Sie immer noch einen Weg zur Erleuchtung."

Sie könnten die Lehre aber auch falsch anwenden und sagen: „Natürlich können Sie erlöst werden, denn das Sutra besagt, dass selbst ein böser Mensch erlöst werden kann." Einige von ihnen sagen: „Sie werden erlöst werden, wenn Sie zehn Mal Amitabha Buddhas Name chanten" oder „Wenn Sie Amitabha Buddhas Namen nur ein einziges Mal chanten, wird Amitabha Sie erlösen." Andere gehen vielleicht sogar so weit, zu sagen: „In dem Moment, in dem Sie sich entschließen und daran denken, Amitabha Buddhas Namen zu chanten, sind Sie bereits erlöst." An diesem Punkt ist ihre Lehre jedoch wie eine Tasse Super-Instant-Nudeln.

Instant-Nudeln lassen sich in drei Minuten kochen, nachdem man sie mit kochendem Wasser übergossen und den Deckel aufgelegt hat. Warten Sie drei Minuten, dann sind sie fertig. Um die Metapher der Instant-Nudeln zu verwenden, vereinfacht der Reines-Land-Buddhismus die Lehre immer weiter, als würde er sagen, „Nein, Sie brauchen keine drei Minuten zu warten. Die Nudeln sind in nur einer Minute fertig. Eigentlich sind die Nudeln schon so gut wie gekocht in dem Moment, in dem Sie daran denken, sie mit kochendem Wasser zu übergießen. So ist es bereits in Stein gemeißelt. Sobald Sie daran denken, kochendes Wasser darüberzugießen, oder sogar, wenn Sie Wasser in einen Topf füllen und den Herd einschalten, sind die Nudeln schon gekocht." Ich kann verstehen, dass sie die Lehre so entwickeln wollen, aber auf dieser Stufe sind sie zu weit gegangen.

Um dies anhand einer Straftat zu formulieren: Angenommen, jemand sticht einen anderen Menschen mit einem Messer nieder und wird zu zehn Jahren Gefängnisstrafe verurteilt. Die obige Lehre ist ähnlich, als würde man diesem Menschen, der sich auf dem Weg ins Gefängnis befindet, um für sein Verbrechen zu büßen, sagen: „Die Tatsache, dass Sie für zehn Jahre ins Gefängnis gehen, bedeutet, dass Sie bereits entlassen wurden. In zehn Jahren werden Sie sowieso aus dem Gefängnis entlassen werden, deshalb ist der Gang ins Gefängnis das Gleiche wie die Entlassung." Gewiss wird die Person schließlich entlassen werden, weil sie nicht zum Tode verurteilt wurde, doch wir müssen eine solche Denkweise infrage stellen.

In der Realität bleiben viele derer, die zu zehn Jahren Gefängnis verurteilt wurden, nicht die ganzen zehn Jahre im Gefängnis. In der Mehrzahl der Fälle wird ihre Haftzeit etwas verkürzt, je nach ihrer Einstellung zu Reue, ihrer Einstellung zu Arbeit, der Veränderung ihrer Persönlichkeit, und ob sie Bücher lesen oder höflicher wurden. Alle diese Aspekte werden beobachtet und berücksichtigt. Schließlich vollzieht sich zwischen Ursache und Wirkung ein *Prozess*, und zwischen Ursache und Wirkung wird eine Art *Bedingung* hinzugefügt.

Angenommen, jemand wurde zu zehn Jahren Gefängnisstrafe verurteilt. Er mag seine Tat bereuen – vielleicht hat er ein Buch von Shinran[2]. gelesen und bemühte sich, anderen zuzulächeln und ihnen liebe Worte zu sagen – und nun wird er nach acht statt nach zehn Jahren entlassen. Falls er das Gefühl hat, „Oh, das alles verdanke ich Amitabha Buddha, ich bin zutiefst dankbar", dann hat er sich sehr rehabilitiert.

Im Gegensatz dazu bereut er vielleicht nicht und zeigt nach einer zehnjährigen Haftstrafe eine trotzige Einstellung. Er könnte sagen: „Na ja, ich habe diesen Mann umgebracht, weil er ein übler Bursche war. Er hatte es verdient. Ich habe ihn nur im Interesse des Himmels getötet. Der böse Mann streifte umher, weil die Polizei zu langsam war, etwas dagegen zu unternehmen. Der Kerl hätte mehr böse Taten und Verbrechen begangen, deshalb habe ich das verhindert, indem ich ihn getötet habe. Ich habe eine gute Tat vollbracht. Ich habe ihm die Strafe des Himmels erteilt oder vielmehr ‚eine Strafe eines Mannes'." Selbst falls er nach Verbüßen seiner zehnjährigen Haftstrafe aus dem Gefängnis entlassen wird, wird so jemand höchstwahrscheinlich nach einigen Monaten wieder ins Gefängnis kommen, weil er sich nicht geändert hat.

Wissenschaftler, die von der Wahrheit keine Ahnung haben, kommen in die Hölle, selbst wenn sie in einem weltlichen Sinn nicht böse sind

Die guten und die schlechten Ihrer Gedanken und Handlungen in religiösem Sinn falsch zu verstehen, wird ernste Konsequenzen nach sich ziehen. Manche Menschen kommen dennoch in die Hölle, selbst

---

2 Shinran (1173 – 1263): Japanischer buddhistischer Mönch und Begründer des Reines-Land-Buddhismus.

wenn sie in dieser Welt nicht die Kriterien eines „bösen Menschen" erfüllen. Manche Gelehrten hatten in dieser Welt nichts mit Verbrechen zu tun, sie haben nie gegen das Zivilrecht verstoßen; sie wurden nie wegen eines Vergehens oder Schadenersatzes verklagt. Als Gelehrte oder Wissenschaftler forschten sie nur, schrieben Bücher und hielten ab und zu Kurse oder Vorträge. In ihrer Forschung waren sie recht ernsthaft und fleißig, aber trotzdem kamen sie in die Hölle. Denn das, was sie für die „Wahrheit" hielten, war vollkommen falsch. Ein Buch über die falschen Vorstellungen zu schreiben und es bei anderen zu verbreiten, wirkt der üblichen rechtmäßigen Missionsarbeit der Religion entgegen.

Ein Gelehrter studierte den Buddhismus sorgfältig, befasste sich eingehend mit den alten Sutras und führte sie wieder ein, indem er Sanskrit in heutige Sprache übersetzte. Doch er kam zu folgendem Schluss: „Shakyamuni Buddha lehrte, es gibt weder einen Geist noch eine Seele. Buddhas Vorstellung von *anatman* oder Egolosigkeit vermittelt, dass Geist und Seele nicht existieren. Die Religionen in Indien vor der Zeit Buddhas hatten die Vorstellung von *atman*; sie lehrten, dass Menschen eine Seele haben und dass die Seele den Körper verlässt, wenn die Menschen sterben. Doch Buddha tauchte als ein revolutionärer Philosoph auf; er stellte diese Vorstellung auf den Kopf und lehrte, dass Geist und Seele nicht existieren."

Dann dachte der Gelehrte, „Geist und Seele existieren nicht, also endet unser Leben, wenn wir sterben. Darum sind alle Dinge vergänglich und alle Phänomene egolos. Nach unserem Tod kehren wir einfach in die Erde zurück. Und Nirvana bedeutet, wenn wir sterben, erlöscht unsere Seele, genau wie die Flamme einer Kerze ausgeblasen wird. Dies ist die Erklärung der ‚Vergänglichkeit aller Dinge', ‚der Egolosigkeit aller Phänomene' und der ‚vollkommenen Stille des Nirvana'. Dies ist die Wahrheit."

Doch eine solche Schlussfolgerung sollte man nicht aus der Forschung ziehen; das würden einfache Leute denken, wenn sie nie etwas anderes gelernt hätten. Zumindest denken die meisten Menschen, die nur die vom japanischen Bildungsministerium heute zugelassenen Schullehrbücher lesen, „Sobald ein Mensch stirbt, ist das das Ende". Die Menschen wissen es normalerweise nicht besser, weil nur das in den Lehrbüchern steht.

In manchen Schullehrbüchern ist die Rede davon, wie Menschen der alten Jomon- oder Yayoi-Zeit (circa 300 v. Chr. bis circa 250 n. Chr.) an ein Leben nach dem Tod glaubten. Damals begruben die Menschen die Toten in einem Tonkrug oder sie brachen den Toten die Beine, brachten sie in die Haltung eines Fötus und legten ihnen einen schweren Stein auf den Bauch, bevor sie sie verbrannten. Denn die Menschen hatten Sorge, die Toten würden ins Leben zurückkommen. Einige Berichte über die alte Zeit besagen, dass die Menschen damals an die Seele und den Geist glaubten. Doch abgesehen davon lernen wir nicht, dass es tatsächlich eine Seele gibt, weder in Gemeinschaftskunde noch in naturwissenschaftlichen Kursen.

Geister und Teufel tauchen in Horrorfilmen als eine Form von Unterhaltung auf, aber bis heute ist ihre Existenz nicht als wissenschaftliche Wahrheit anerkannt. Das ist eine Schande, aber das ist die Realität.

In den Vereinigten Staaten gab die Regierung gegen Ende von Präsident Trumps Amtszeit und sogar noch während Präsident Bidens Amtszeit bekannt, dass es Fälle unidentifizierter Luftphänomene gebe, obwohl sie nicht sicher waren, was diese waren. Während Mr. Trumps Amtszeit stellten sie drei von der NASA oder vielmehr der Luftwaffe entdeckte Fälle vor, die für außerirdisch und nicht irdischen Ursprungs gehalten wurden. Während Mr. Bidens Amtszeit stellten sie 143 Fälle vor. Sie konnten nicht identifizieren, was das für Phänomene das waren, und sie verwendeten Begriffe wie unidentifizierte fliegende Objekte

(Ufos). Trotzdem erkannten sie an, dass es Ufos gibt. Auch in vielen anderen Ländern gab es ähnliche Vorkommnisse.

Bei der japanischen Regierung bleibt die offizielle Reaktion die gleiche: „Wir haben keinen einzigen Fall einer Ufo-Sichtung erhalten." Sie geben nicht einen einzigen Ufo-Fall zu. In Japan werden Ufos in Klatsch-TV-Sendungen oder in speziellen Fernsehsendungen diskutiert, die über paranormale und erschreckende Phänomene berichten. Ufo-Fanatiker posten oder teilen Bilder von – wie es scheint – Ufos, doch nach der offiziellen Reaktion der Regierung gibt es keine einzige Sichtung. Selbst wenn ein Pilot der japanischen Luftselbstverteidigungsstreitkräfte oder von Verkehrsflugzeugen wie JAL oder ANA ein Ufo beobachtet, wird das offiziell nicht der Regierung gemeldet aus Angst, der Pilot würde für psychisch krank gehalten. Es gibt unzählige Fälle wie diesen, und sie veranschaulichen die „Unkenntnis der Wahrheit".

3 Arroganz, Zweifel und falsche Ansichten führen zu Verwünschungen, Flüche und Besetzung

Probleme des Arrogant-Seins und des Zweifelns

Neben den Drei Giften des Geistes gibt es Arroganz, Zweifel und falsche Ansichten.

Zu viel Arroganz macht Sie eingebildet wie ein *tengu* (ein langnasiger Kobold). Er ist auch eine Einstellung, die Sie in Ihren Untergang führt. Manche sagen vielleicht: „Ich stehe über allen", „Ich bin von Geburt an großartig" oder „Ich bin herausragend, weil ich diese und jene Bedingung erfülle." Doch falls Sie sich selbst für außergewöhnlich, besonders und einen gottähnlichen Menschen halten, neigen Sie dazu, Fehler zu machen.

Das Nächste ist Zweifel. In der Welt von heute verbreitet die Wissenschaft in Verbindung mit den Massenmedien Zweifel. Manche sagen: „Sie müssen zweifeln, zweifeln und alles anzweifeln, bis Sie sicher sind, dass es nicht bezweifelt werden kann. Nur dann können Sie sagen, es ist wahr und authentisch." Manchmal kann dies stimmen, doch im Prozess des Zweifelns sehen Sie letzten Endes alles als eine Lüge, eine Täuschung oder einen Betrug an. Das ist das Problem.

Sicherlich sagte Shakyamuni Buddha einst etwas wie, „Ich folge der Art von Wahrheit, die nicht bezweifelt werden kann, wie sehr ich mich auch bemühe". Diejenigen, die mit einer solchen Aussage in Resonanz gehen, verfangen sich in dieser Vorstellung und übersehen seine anderen Lehren. Doch wenn Sie Buddhas Lehren als Ganzes lesen, werden Sie darin eine endlose Zahl mystischer Phänomene finden. Der Wunsch, die Gesamtheit solcher Phänomene zu ignorieren und zu schauen, was übrigbleibt, nachdem man alles angezweifelt und bestritten hat, ist ebenfalls Zweifel – eine der weltlichen Täuschungen.

Der Fehler, Buddhas Lehren und seine Biografie vom Standpunkt heutigen medizinischen Wissens anzuzweifeln und zu bestreiten

Einige Leute nehmen einen Teil seiner Lehren und bestreiten ihn, indem sie sagen: „Letztlich ist Buddha ein Mann des Altertums. Er wusste die Dinge nicht." Shakyamuni Buddha sagte zum Beispiel einmal in seiner Predigt: „Wie kommt es, dass Babys geboren werden, ohne im Bauch zu „schmelzen", wenn Nahrung im Magen verdaut und ausgeschieden wird?" Zu Buddhas Zeit wurden Magen und Gebärmutter auf der chirurgischen Ebene nicht unterschieden. Doch ein paar Medizinexperten könnten nur diesen Teil hernehmen und sagen: „Ach, bei seinem medizinischen Wissen auf diesem Niveau, lohnt es sich nicht, irgendeine seiner Lehren zu lesen." Ich bin mir sicher, solche Menschen gibt es. Doch es ist falsch, nur eine bestimmte Wendung herauszupicken und den Rest aus Skepsis zu bestreiten.

Ein andermal sagte Shakyamuni Buddha: „Menschen werden alt und runzelig; ihre Haare werden grau und fallen ihnen aus; ihr Rücken beugt sich und sie werden gebrechlich. Sie werden so alt wie ein kaputter Wagen, der mit einem Lederriemen zusammengehalten wird, und irgendwann sterben sie." In seinen späteren Jahren hinterließ Buddha eine derartige Lehre. Doch ein paar Schönheitschirurgen könnten sagen: „Das stimmt nicht unbedingt. Heutzutage gibt es Schönheitsoperationen, und Sie können Ihre jugendliche Erscheinung für immer behalten."

Vielleicht kann Schönheitschirurgie Menschen jünger aussehen lassen, aber dennoch kann sie ihnen kein ewiges Leben garantieren.

Selbst wenn eine Frau körperlich jung aussieht und andere zu der Aussage veranlasst, „Wow, ist sie wirklich 80? Wer hätte das gedacht?", wird sie dennoch krank werden und sterben. Deshalb können wir nicht sagen, die Lehren sind alle falsch, nur weil manches davon unrealistisch klingt.

Außerdem ist in Shakyamuni Buddhas Biografie beschrieben, dass er unmittelbar nach der Geburt aufstand und in jede der vier Himmelsrichtungen lief, Norden, Osten, Süden und Westen. Tiere können am Tag ihrer Geburt stehen. Ein Rehkitz oder ein Pferdefohlen können unmittelbar nach der Geburt aufstehen, weil sie sonst von wild lebenden Raubtieren angegriffen würden. Aber ein Mensch kann nicht sofort laufen.

Der Biografie zufolge konnte Buddha jedoch sieben Schritte gehen und sagte: „Im Himmel und auf Erden soll nur ich verehrt werden", während er in jede der vier Himmelsrichtungen ging. Wenn Mediziner dies lesen, könnten sie skeptisch sein und sagen: „Das ist nicht möglich. Ich höre durchaus von Wundern, etwa dass eine Krankheit oder Krebs ab und zu geheilt werden, aber es ist einfach unmöglich, dass ein Baby unmittelbar nach der Geburt sieben Schritte läuft. Auf dieser Basis ist, schätze ich, alles Unsinn." Doch es ist falsch, wegen dieser einen Beschreibung alles anzuzweifeln.

Diese Geschichte soll die Menschen lehren: „Buddha wurde als Säugling geboren, aber in seinem Körper wohnte eine edle Seele eines Erwachsenen oder sogar über einen Erwachsenen hinaus. So müssen Sie es verstehen." Weiter oben sagte ich, dass niemand großartig geboren wird, doch auch das Gegenteil trifft zu, und einige Menschen werden tatsächlich großartig geboren. Diese Heiligkeit müssen Sie verstehen. Buddha mag einen Vater gehabt haben, eine Mutter, einen Onkel, Geschwister oder einen älteren Diener, doch der Eine, der als Buddha geboren wird, ist seit seiner Geburt ehrwürdig. Bitte vergessen Sie dies nicht. Die Geschichte enthält diese Lehre.

Der Fehler, alle mystischen Phänomene in buddhistischen Schriften vom Standpunkt der Biologie aus anzuzweifeln und zu bestreiten

Ein weiteres Beispiel ist, als Shakyamuni Buddha drei Feueranbeter überzeugte, die Kasyapa-Brüder. Der älteste der Brüder, Uruvilva Kasyapa, hatte ungefähr 500 Schüler. Der zweite Bruder hatte ungefähr 300 und der jüngste Bruder hatte ungefähr 200 Schüler.

Buddha besuchte die drei Feueranbeter, um sie zu bekehren, und bei dieser Gelegenheit ließen die drei Brüder Buddha in einer Höhle schlafen, um ihn auf die Probe zu stellen. Als Buddha nach einer Übernachtungsmöglichkeit fragte, sagten sie ihm: „Wir haben kein Zimmer, aber dort ist eine Höhle. Bitte verbringe die Nacht dort."

In dieser Höhle befand sich eine Giftschlange. Die drei Brüder hatten andere Praktizierende, die zu ihnen gekommen waren, auf die Probe gestellt. In den meisten Fällen wurden die Besucher, die die Nacht in dieser Höhle verbrachten, von der Schlange gebissen und starben. Weil die Praktizierenden dort ihr Leben ließen, hielten die drei Brüder das für eine gute Gelegenheit, auch Buddha zu töten.

Die buddhistischen Schriften neigen dazu, Geschichten zu übertreiben, darum stimmt das vielleicht nicht, aber die Giftschlange war tatsächlich ein Feuerdrache, der Feuer spie. Es wäre schrecklich, wenn da ein feuerspeiender Drache in der Höhle wäre. Ob der wirklich existierte oder nicht, da werde ich nicht in die Details gehen, aber vielleicht war er eher wie eine Eidechse oder eine Schlange, wie sie manchmal eine feuerrote Zunge herausstreckt. Der Drache war vielleicht nur eine Metapher; trotzdem war es wahrscheinlich eine Giftschlange – vielleicht irgendeine Riesenkobra.

Die Kasyapa-Brüder ließen Buddha dort übernachten; als sie am folgenden Morgen zur Höhle gingen, war sie schockiert, Buddha noch lebend zu sehen. „Was ist los? Warum lebt er noch?" Zu ihrer Überraschung war die Giftschlange sehr klein geworden, und Buddha kam mit einer kleinen Schlange heraus, die auf einer Art Tablett saß. So beschreibt die buddhistische Schrift, wie die Riesenschlange sehr klein wurde.

Das ist ein wundersames Geschehnis. Diese Geschichte steht in einer buddhistischen Schrift als eines der mystischen Phänomene.

Wenn Biologielehrer nur diese Geschichte läsen, würden sie sagen: „Das ist unmöglich. Eine feuerspeiende Schlange auf der Erde wäre ein Drachen. Obwohl es möglich ist, dass drachenähnliche Geschöpfe existiert haben, hätten sie Feuer speien können? Heute speit Godzilla radioaktives Feuer, aber angenommen, der Drache existierte vor 2500 Jahren; hätte er Feuer gespien?" Solche Zweifel hätten sie.

Trotzdem ist in verschiedenen Sagen die Rede von feuerspeienden Wesen. Wir können die Geschöpfe nicht physisch sehen, um sie zu untersuchen, deshalb frage ich mich, ob sie real sind. Aber Sagen aus dem Vereinigten Königreich erzählen auch von feuerspeienden Drachen. Waren sie real? Waren das lebende Geschöpfe oder künstliche Wesen? Sie hätten sie im Weltraum künstlich herstellen können, oder es hätten außerirdische Tiere sein können. Beides könnte sein. Falls es tatsächlich ein solches Wesen gäbe, könnten die Leute sagen: „Es kann unmöglich schrumpfen und kleiner werden. Wie kann sein Körper so klein werden? Ein Körper kann nicht so klein werden, als wäre er mit *Doraemons* Schrumpfstrahl geschrumpft worden. Das ist unmöglich."

Was will uns diese Geschichte also sagen?

Es gibt ein anderes Beispiel, in dem Shakyamuni Buddha einen betrunkenen Elefanten zähmte. Es wird erzählt, dass Devadatta Buddha eine Falle stellte, indem er einen betrunkenen Elefanten losband, der wild und gewalttätig wurde; er trampelte mehrere Menschen zu Tode. Der Elefant stand vor Buddha und hob die Vorderbeine, aber plötzlich war er gezähmt. Er verbeugte sich wie ein Hundewelpe, wurde ruhig und legte sich hin, wie Elefanten es tun, damit Menschen aufsteigen können. Eine solche Geschichte ist überliefert.

Die Geschichte mag durchaus wahr sein. Ich sage dies, weil sogar heute manche Menschen mit der Kraft *Chi* Tiere zähmen können, auch wilde, und sie sogar zum Einschlafen bringen können. Ich vermute, Buddha hatte die Kraft, den Geist der Tiere in gewissem Maß zu kontrollieren.

Angesichts dessen könnte die Geschichte mit der Giftschlange auch wahr sein. Es ist nicht sicher, ob die Schlange wirklich an Größe kleiner wurde, aber es ist möglich, dass die Giftschlange gezähmt wurde und ihre Feindseligkeit verlor. Kobras etwa spreizen ihren Körper auseinander, um größer auszusehen. Sie schüchtern andere ein, indem sie sich selbst länger und breiter aussehen lassen, aber sie sehen vielleicht klein aus, wenn sie jegliche Aggression loslassen, ruhig werden und sich klein zusammenrollen. Deshalb ist es besser, nicht alles nur gestützt auf Zweifel zu bestreiten.

Falsche Ansichten: Vorstellungen, die von der Wahrheit abweichen, führen zu Verwünschungen, Flüchen, Besetzung und in die Hölle

Nach Gier, Wut, Dummheit, Arroganz und Zweifel kommen „falsche Ansichten". Wie es heißt, enthalten „falsche Ansichten" 62 Sichtweisen, doch in Wirklichkeit scheinen diese Ansichten endlos zu sein, weil es viel verschiedene Arten von irrigen Vorstellungen gibt.

In Japan gibt es beispielsweise sechs große Zeitungen, und sie haben alle unterschiedliche Leitartikel und Sichtweisen. Es ist schwer zu sagen, welche richtig und welche falsch sind, aber ich bin mir sicher, dass viele ihrer Meinungen von der Wahrheit abweichen. Sie müssen die falschen Meinungen nacheinander aussondern und anstreben, der Wahrheit näher zu kommen.

Diejenigen, die falsche Vorstellungen haben und falsche Handlungen ausführen, neigen dazu, während ihres Lebens von anderen verwünscht zu werden oder andere Personen zu verwünschen. Weil sie ständig die falschen Dinge denken und tun und bösen spirituellen Einfluss von anderen Personen aufnehmen, können sie diese Negativität an ihrem Körper „kleben" haben. Wenn das geschieht, können sie von einem bösen Geistwesen aus der Hölle oder von einem auf der Erde umherstreifenden bösen Geistwesen mit ähnlicher Einstellung besetzt werden.

Falls das Geistwesen nicht entfernt wird, bleiben sie vielleicht dauernd besetzt. Sofern sie nur von einem einzigen Geistwesen besetzt sind, können wir nicht sicher sein, ob sie in die Hölle kommen; aber wenn sie von vier, fünf oder sechs Geistwesen besetzt sind, ist es fast sicher. Auch wenn sie sich vor Yama verteidigen, ist klar, dass sie die Besetzung ausgelöst und verursacht haben. Das müssen die Menschen wissen.

Das Leben wird leichter, wenn Sie diese Besetzungen loswerden. Ihr Körper fühlt sich leichter an, und gelegentlich wird sich ein neuer Weg in Ihrem Leben eröffnen. Prüfen Sie daher gründlich, ob die Ursache der Besetzung in Ihnen liegt.

Auch wenn es keine Ursache in Ihrem Geist gibt, können Sie zufällig eine Verbindung zu einem bestimmten Ort haben. Heutzutage sind in Fernsehshows und Filmen Dinge wie stigmatisiertes Eigentum beliebt. Manche Wohnungen oder Häuser sind billig, weil dort immer wieder Selbsttötungen vorkamen oder jemand getötet wurde. In manchen Filmen werden Menschen gezeigt, die diese Stätten zum Spaß mieten. Doch der Ort könnte wirklich mit Bösem verunreinigt sein, darum sollten Sie nicht fröhlich eine Verbindung zu solchen Orten anstreben. Der Geist, der diese Verbindungen sucht, kann einer der Gründe sein, warum Sie schlechte Ergebnisse erzielen.

Sie können kein gutes Leben führen, wenn Sie absichtlich und fröhlich stigmatisiertes Eigentum mieten, in dem Geistwesen verwünschen und Flüche aussprechen. Makler, die diesen Leuten solches Eigentum wissentlich anbieten, erschaffen ebenfalls Unglück, darum werden auch sie kein gutes Leben führen. Bitte meiden Sie Situationen, in denen Sie auf diese Weise besetzt werden könnten.

Infolge von Verwünschungen und Flüchen oder durch ein Leben, das diese herausfordert, werden die Menschen, solange sie einen physischen Körper haben, höchstwahrscheinlich ein Phänomen erleben, das Besetzung genannt wird. Oftmals wird ein Psychiater bei ihnen eine psychische Erkrankung diagnostizieren, weil sie viele seltsame Verhaltensweisen zeigen oder weil sie Erinnerungslücken haben, wenn sie etwas machen.

Beispielsweise griffen Menschen andere an und erstachen sie mit einem Messer, aber erinnern sich nicht daran. Ihre Persönlichkeit muss zu diesem Zeitpunkt umgeschaltet haben. Das passiert, weil ihre Seele vom Körper entfernt war, während ein anderes Geistwesen eintrat und den Körper übernahm. In solchen Fällen wird ihre Schuldfähigkeit sicherlich untersucht werden, aber sie werden nicht gefragt werden, ob sie eine Besetzung hatten. Doch das Thema Schuldfähigkeit hängt eng mit dem Thema Besetzung zusammen.

4 Wie Sie sich selbst davor schützen, in die Hölle zu kommen

Sie werden wissen, in welche Hölle Sie kommen, indem Sie einfach über Ihr Leben reflektieren

Ich kann verstehen, warum sich manche Menschen Sorgen darüber machen, ob sie in den Himmel oder in die Hölle kommen. Doch wie es in dem Zitat von Konfuzius weiter oben heißt, „Wenn wir das Leben nicht kennen, wie können wir dann den Tod kennen?" – Sie brauchen niemanden mit übersinnlicher Wahrnehmung oder einen spirituellen Experten zu fragen, wohin Sie nach dem Tod kommen. Das werden Sie wissen, indem Sie einfach das Leben untersuchen, das Sie führen.

Was für Gedanken haben Sie? Falls Sie ein Leben führen, in dem Sie andere mit den Flammen Ihrer Eifersucht und Ihres Neides zu Tode verbrennen, dann kommen Sie in die Hölle der Sengenden Hitze. Falls Sie in Gewalt und Blutvergießen verwickelt sind, kommen Sie höchstwahrscheinlich an einen Ort, der Asura-Hölle oder die Hölle der Schurken genannt wird. Falls Sie ein moralisch verwerfliches, von Lust getriebenes Leben führen, werden Sie in den meisten Fällen in die Hölle des Blutteichs oder irgendwo dort in die Nähe kommen.

Abgesehen davon gibt es, wie ich sagte, ideologische Kriminelle mit irrigen Ideologien, sei es religiöse oder politische Philosophie. Manche Menschen vertreten die falschen Philosophien und machen viele Menschen unglücklich. Diejenigen mit den falschen politischen Gedanken – die besonders unter den Linken zu finden sind –, diejenigen mit falschen religiösen Gedanken und diejenigen, die viele Leute mit falschen grundlegenden Vorstellungen beeinflusst und in die Irre geführt haben, werden alle an einen tiefen, tiefen Ort kommen, in die sogenannte Abgrundtiefe Hölle. Die ist wie der Grund eines Brunnens, und sie kommen nicht heraus. Dorthin werden sie kommen.

Darum brauchen Sie nicht zu fragen, in welche Hölle Sie kommen. Reflektieren Sie über Ihr Leben und Sie werden es wissen. Bitte denken Sie eingehend darüber nach.

Bemühen Sie sich, Ihren Geist zu einem Spiegel zu machen, und wischen Sie schlechte Gedanken ab

Denken Sie bitte mithilfe dieses Kapitels noch einmal über Verwünschungen, Flüche und Besetzung in Ihrem Alltag nach.

Krankheiten wie Rheuma können eine weltliche Ursache haben, doch spirituell betrachtet, werden Personen mit Rheuma in vielen Fällen von verschiedenen Geistwesen wie Schlangen-Geistwesen besetzt. Das Gleiche lässt sich über Schulterprobleme sagen, inklusive Schultersteife oder alterssteife Schulter, und über Beschwerden, bei denen man wegen eines gebeugten Rückens oder schwacher Beine nicht aufstehen kann. Natürlich kann es da auch eine körperliche Ursache geben, doch falls Sie ohne besonderen Grund ständig krank sind, werden Sie möglicherweise von Tiergeistwesen oder Ähnlichem besetzt.

Bitte bemühen Sie sich in solchen Situationen, Ihren Geist zu reinigen und ihn so klar wie einen Spiegel zu machen. Wischen Sie Ihre schlechten Gedanken weg, genau wie Sie einen Spiegel mit einem Tuch abwischen.

Wenn Ihr Zimmer dreckig und unaufgeräumt ist, werden andere Leute nicht kommen und es für Sie saubermachen. Ja, wahrscheinlich werden Sie ihnen nicht erlauben, ungefragt in Ihr Zimmer zu kommen und es zu säubern, nur weil sie das wollen. Falls Sie Ihr Zimmer unordentlich und schmutzig gemacht und zugemüllt haben, dann ist es Ihre Aufgabe, es sauberzumachen.

Beim Aufräumen könnte ein egoistischer Mensch das Fenster öffnen und einfach den ganzen Müll aus dem Haus oder Zimmer auf die Straße werfen. Doch da würden sich sicher die Nachbarn beschweren. Natürlich ist das keine gute Idee. Das müssen Sie wissen.

Gleichgültig, wie gut jemand aussieht, wie angenehm die Stimme oder wie toll die Kleidung oder wie charmant jemand ist, Sie wären enttäuscht, wenn die Person schlechte Lebensgewohnheiten hätte. Zum Beispiel könnten Sie vielleicht zufällig mitbekommen, dass jemand sagt: „Anscheinend ist sie recht schlampig. Ihr Zimmer ist voller Müll und sie wäscht ihre Wäsche nicht, deshalb bleibt ihre Unterwäsche einen Monat lang liegen."

Sogar wenn Sie bis über beide Ohren verliebt sind, könnten Sie völlig entmutigt sein, wenn Sie das hören. Schließlich müssen wir uns nach Kräften um die Dinge kümmern, für die wir verantwortlich sind.

Eine schlampige Lebensweise würde andere auf den Gedanken bringen, Sie seien es nicht wert, einen bestimmten Arbeitsplatz zu bekommen, oder würde verhindern, dass Ihre Arbeit gut läuft. Doch Sie, Sie selbst, wissen vielleicht nicht, warum, und beklagen sich: „Warum nicht ich? Warum werde ich nicht ausgewählt?" Vielleicht haben Sie einen negativen Ruf wegen Ihres schlechten Lebensstils im Alltag, darum seien Sie bitte achtsam.

Damit endet meine Lehrrede über „Verwünschungen, Flüche und Besetzung".

KAPITEL VIER

DER KAMPF GEGEN TEUFEL

*Die Realität von Teufeln und
ihre Taktiken enthüllen*

1   In der Geschichte haben Religionen gegen Teufel gekämpft

Ein Thema, das ich nicht vermeiden kann, wenn ich über die Hölle lehre oder das Gesetz der Hölle predige, ist die Begegnung mit Teufeln. Die Anzahl der Teufel ist begrenzt, deshalb besetzen sie nicht einfach irgendjemanden. Darum können einfache Menschen ihr Leben tatsächlich führen, ohne einen Kampf gegen Teufel zu erleben. Wenn Teufel jemanden besetzen, haben sie gewöhnlich ein Ziel. Sie würden beispielsweise versuchen, das Leben von jemandem zu ruinieren, der es ihnen ihrer Ansicht nach ermöglicht, durch die Besetzung ihr großes Ziel zu erreichen.

In der Hölle arbeiten Teufel im Grunde wie Mafiabosse; mithilfe ihrer Schergen versuchen sie, andere Seelen in noch tiefere Ebenen der Hölle zu zerren. Doch wie ich sagte, ist ihre Zahl begrenzt, darum gibt es nicht sehr viele von ihnen.

Der Vatikan benutzt bei der Ausbildung künftiger Exorzisten etwas wie eine Enzyklopädie der Teufel. Diese Nachwuchskräfte bekommen die Bilder und Namen der Teufel gezeigt und werden aufgefordert, sich ihr Aussehen, ihre Besonderheiten und ihre Namen einzuprägen. Bei den Details bin ich mir nicht sicher, weil ich nie eine Ausbildung im Vatikan erhalten habe, aber wie ich hörte, müssen die Nachwuchskräfte die Gesichter und Namen von etwa 500 verschiedenen Teufeln auswendig lernen.

Das hat Vor- und Nachteile. Wenn Sie die Namen der Teufel kennen, können diese den Namen benutzen und vor Ihnen erscheinen, oder Sie selbst könnten sie anziehen. Deshalb gebe ich selbst nur die Namen einiger weniger Teufel preis. Würde ich mehr preisgeben, dann könnten zahlreiche Teufel das nur als Gelegenheit nutzen, sich Ihnen zu nähern oder Sie zu täuschen.

Im Allgemeinen werden Menschen mit höherer Wahrscheinlichkeit von verirrten Geistwesen besetzt, die auf der Erde umherstreifen; doch falls die machtvollen Teufel sehen, dass sie durch Ihre Arbeit erheblichen Einfluss ausüben könnten, können sie es auf Sie absehen. Doch bevor so etwas passiert, haben Sie höchstwahrscheinlich schon vier, fünf oder sechs böse Geistwesen angezogen.

Teufel sind häufig innerhalb religiöser Organisationen zu finden, die als Religion falsch oder absurd sind. Diese Organisationen sind gleichsam „Fabriken zur Hervorbringung böser Geistwesen" geworden, deshalb sind dort viele Teufel zu finden.

Es gibt verschiedene Grade von Teufeln: Teufel auf niedriger Stufe, mäßig starke Teufel und machtvolle Teufel. Manche von ihnen verhalten sich arrogant, weil sie Schergen haben, und behaupten der „König der Dämonen" zu sein.

Insofern ist der Umgang mit Teufeln schwieriger als mit normalen bösen Geistwesen. Die Geistwesen, die einfache Menschen besetzen, sind in der Regel Geistwesen ihrer Vorfahren, ein verirrtes Geistwesen, das einen bestimmten Ort heimsucht, oder ein Geistwesen, das jemanden besetzt, dem es einfach zufällig begegnet. Doch verglichen mit diesen Geistwesen befinden sich Teufel auf einer anderen Ebene.

Häufig werden in Happy-Science-Filmen Angriffe von Teufeln gezeigt, aber glauben Sie bitte nicht, „Ich bin von einem Teufel besetzt, also muss ich eine wichtige Person sein". Aus einem solchen Denken und aus Arroganz entsteht nichts Gutes, darum empfehle ich das nicht. Wenn Sie von einem Teufel besetzt sind, kann der, anders als gewöhnliche böse Geistwesen, nicht leicht in den Himmel geschickt oder ausgetrieben werden. Teufel sind äußerst geschickt darin, Menschen zu täuschen, und sie sind ziemlich hinterhältig, deshalb ist der Umgang mit ihnen sehr schwierig.

Teilweise können Teufel sogar auftauchen und sich selbst dabei Engel, Gott oder Buddha nennen. Sie machen auch Jagd auf spirituell Suchende, die in den Bergen oder Wäldern trainieren. Sie stören gern Menschen, die den Weg suchen. Darum lauern sie häufig auf die Gelegenheit, dann zu erscheinen, wenn Suchende kurz davor sind, eine höhere Bewusstseinsstufe zu erlangen, und eine große Zahl von Menschen führen können oder Dharma-Kraft erlangen.

Wie ich anfangs bereits erwähnte, haben Teufel oftmals ein Ziel; darum sind sie anders als gewöhnliche Geistwesen, denen Sie zufällig begegnen, oder als Geistwesen, die einen bestimmten Ort heimsuchen. Teufel sind Wesen, die hartnäckig ihr Zielobjekt verfolgen und alle möglichen Intrigen ersinnen, um ihr Ziel zu erreichen.

Falls also ein Teufel kommt, wenn ein Mensch mit spiritueller Kraft spirituelle Phänomene durchführt, kann der Teufel sich in verschiedenen Formen tarnen und zu seiner Identität lügen, indem er andere Namen sagt. Gelegentlich tauchen sie auch bei Happy Science auf, und meine Anhänger lassen sich manchmal von ihnen hereinlegen. Darum müssen wir dabei achtsam sein.

Wie Teufel in der Hölle entstanden

Lassen Sie mich die wesentlichen Elemente auf den Punkt bringen. In der Nähe dieser Welt befindet sich ein Bereich, der Teil der anderen Welt ist und von verirrten Geistwesen bewohnt wird. Weit darüber ist der Himmel oder die himmlische Welt. Außerdem gibt es die Welt der Hölle, die allgemein als die Unterwelt verstanden wird. Das ist eine dunkle Welt, in die kein Sonnenlicht dringt.

Auch gibt es verschiedene Ebenen der Hölle. Der größte Teil des flachen Bereichs der Hölle ist dunkel oder halbdunkel, wie es am Abend ist. Doch sobald Sie immer tiefer gehen, wird es so dunkel, dass Sie ab einem Punkt gar nichts mehr sehen können. Die tiefste Ebene der Hölle ist pechschwarz, als wäre Kohleteer hineingeschüttet worden. Kurz gesagt, gibt es in der Hölle verschiedene Grade der Dunkelheit.

Worin unterscheiden sich nun Teufel von bösen Geistwesen? In den meisten Fällen dauert es viele Jahre, bis ein Geistwesen ein Teufel wird. Die meisten Teufel waren früher Menschen, die in die Hölle kamen. In manchen Fällen werden Geistwesen Teufel, wenn sie dort 500 bis 1000 Jahre verbringen. Weil sie nicht in den Himmel zurückkehren und auf der Erde wiedergeboren werden können, tun sie weiterhin Böses, und das macht sie zu Teufeln.

Das ist ganz verständlich. Jeder, der sich mit Kriminellen herumtreibt oder lange Zeit mit Gangstern arbeitet, wird im Laufe der Zeit glaubwürdig wirken. Genauso funktioniert es hier.

Doch wenn wir zum Ursprung der Teufel zurückgehen, sehen wir, dass die meisten von ihnen früher Engel oder Erzengel waren. Vor Äonen rebellierten sie gegen Gott oder wurden neidisch auf ihn, fielen in Ungnade und konnten nicht mehr in die himmlische Welt zurückkehren. Sie wurden dann Könige der Hölle oder Kaiser der Hölle und bildeten ihre eigene Welt. In gewissem Sinn lässt sich die Hölle mit der Welt der Mafia vergleichen.

Gelegentlich ziehen Teufel ihre Schergen hinzu und bilden ein Team, aber in der Regel kämpfen sie nicht zusammen und helfen einander nicht. Das ist in gewisser Weise gut für uns. Es wäre recht mühsam, wenn Zig oder Hunderte von Teufeln kämen, um uns alle gleichzeitig zu überfallen. Doch in Wirklichkeit kommen sie nicht besonders gut miteinander aus. Darum müssen sie sich auf sich selbst oder höchstens ihre Schergen verlassen.

Die christliche Vorstellung von Fegefeuer und Hölle zeigt, wie engstirnig Menschen sein können

Es gibt bei Teufeln verschiedene Gruppen gleicher Herkunft, und sie wählen sich ihr Zielobjekt entsprechend. Es gibt zum Beispiel mit dem Christentum in Verbindung stehende Teufel, mit Muslimen in Verbindung stehende Teufel im Islam und mit dem Shintoismus in Verbindung stehende Teufel im japanischen Shinto. Genauso gibt es Teufel in Verbindung mit jeder Ethnie und Religion.

Von den japanischen Religionen erkennen viele die Existenz von Teufeln nicht eindeutig an. Japaner verehren häufig Geistwesen mit einer Superkraft oder mit übernatürlicher Kraft, als wären sie Götter, darum können japanische Religionen bei diesen Themen leider nur schlecht zwischen Gut und Böse unterscheiden. Vielleicht legt dies nahe, dass Japan nicht viele bedeutende Religionsführer hatte oder dass es hinter anderen Ethnien relativ hinterher ist.

Aber ich kann auch nicht sagen, dass das Christentum ein tiefgehendes Verständnis der Hölle hat. In der Bibel werden Sie lesen, dass Jesus sinngemäß sagte, „Du wirst in die Hölle kommen und im ewigen Feuer verbrannt werden". Deshalb glaubt der Durchschnittschrist, sobald man in die Hölle kommt, kommt man nie mehr heraus; man kann dem spirituellen ewigen Feuer, das die Seele zerstört, nie entrinnen. Die meisten von ihnen halten die Hölle für einen sehr stereotypen Ort, wie die Hölle der Qualvollen Schreie.

Die ursprüngliche christliche Lehre besagt, dass die himmlische Welt existiert und dass die Hölle eine Welt ist, in der Sie Ihr ewiges Leben verlieren, sobald Sie dort gelandet sind. Im Wesentlichen lehren sie, dass diejenigen ewiges Leben erlangen, die an Jesus glauben, die die Lehren Jesu studieren und sich an sie halten.

Nach der Lehre der traditionellen christlichen Kirchen können Sie das Himmelstor nicht durchschreiten, wenn Sie kein Christ werden. Das sagten sie wahrscheinlich teilweise so, um Missionsarbeit durchzuführen, doch im Prinzip bedeutet das, dass Anhänger anderer Religionen alle in die Hölle kommen. Ich verstehe, dass Sie das zu Missionszwecken sagten und um die Menschen zum Christentum zu bekehren. Das mag vertretbar gewesen sein unter dem Aspekt, die Religion zu verbreiten, aber es wäre zu extrem, zu sagen, dass diejenigen, die nicht an das Christentum glauben, alle in die Hölle kommen.

In der Vergangenheit kam Julius Caesar in einem Feldzug in Europa nach Gallien – das heutige Gebiet von Frankreich und Deutschland. Einige seiner Truppen setzten mit Schiffen nach England über. Nachdem sie viele Gebiete in Europa erobert hatten, schickten sie christliche Missionare hin und forderten die Menschen in diesen kolonisierten Gebieten auf, an ihre Religion zu glauben. Doch in dem meisten Fällen hatten diese Menschen bereits Glauben an eine Art von Religion, die ihnen ein Gedenken an ihre Ahnen in irgendeiner Form bot. Als man ihnen deshalb sagte, sie könnten nicht in den Himmel zurückkehren, wenn sie nicht an das Christentum glaubten, fragten sie: „Wir haben die Gelegenheit, zum Christentum zu konvertieren, doch was ist mit unseren Eltern, Großeltern oder Ahnen? Was bedeuteten all unsere Rituale für die Vorfahren?" Mit solchen Fragen plagte sich das Christentum herum.

Falls alle Nicht-Christen in die Hölle kommen und im ewigen Feuer verbrannt werden, bedeutet das, dass die Menschen erst vor 2000 Jahren anfingen, in den Himmel zu kommen, und die, die vor Beginn des Christentums lebten, sind alle in der Hölle. Objektiv ist das eine recht einseitige Logik.

Um dieses Problem zu lösen, erfand das Christentum das Zwischenreich, das „Fegefeuer" genannt wird. Einfach ausgedrückt, ist dies ein

Ort, an dem sich die Seelen derer aufhalten, die lebten, ohne mit dem Christentum in Berührung gekommen zu sein. Sobald sie bereut und Hingabe an die christliche Lehre gelobt haben, können sie von dort in den Himmel aufsteigen und sogar als Menschen wiedergeboren werden. Sie bringen das Konzept des Fegefeuers vor als Zwischenreich, das sich über der Hölle befindet.

Ungefähr im Jahr 1300 nach Christus schrieb Dante Alighieri aus Italien ein Versepos mit dem Titel *Die Göttliche Komödie*, die drei Abschnitte umfasst: Inferno (Hölle), Purgatorio (Fegefeuer) und Paradies (Himmel). Es enthält eine eindeutige Beschreibung jeder Welt, darum wurde der Unterschied zwischen diesen Welten um das Mittelalter herum deutlicher. Vorher glaubten die meisten Christen wahrscheinlich, dass diejenigen, die keine Christen waren, alle direkt in die Hölle kamen.

Im vierten Jahrhundert nach Christus brach der Heilige Augustinus mit dem Christentum und vertiefte sich ganz in den Manichäismus. Damals gab sich seine Mutter Monika alle Mühe, ihn zurückzugewinnen, und er konvertierte wieder zum Christentum. Sie bemühte sich sehr, ihn zu überzeugen, weil sie glaubte, Nicht-Christen würden in die Hölle kommen.

Wie es in den Happy-Science-Büchern wie *Das Gesetz der Sonne*, *Das Goldene Gesetz* und *Der Aufstieg durch die Dimensionen* steht, wurden in Wirklichkeit Buddha, Gott oder diejenigen, die Buddha und Gott repräsentierten, auf der Erde geboren und vermittelten die für die Zeit und die Gegend notwendigen religiösen Lehren. Auch Engel des Lichts, Bodhisattwas und Tathagatas werden auf der Erde geboren. Wenngleich ihre Lehren sich unterscheiden mögen, können sie Menschen erlösen, sofern sie für die Zeit und die Gegend angemessen sind. Diesen Sachverhalt nicht verstehen zu können, zeigt, wie engstirnig Menschen sind.

Ich verstehe, warum das Christentum einen solchen Ansatz wählte. Sie würden sich genauso fühlen, wenn Sie ein Geschäft führen würden, und ein ähnliches eröffnet nebenan. Sie hätten es nicht gern, wenn gleich neben Ihrem eigenen Spirituosenladen ein anderer eröffnet oder ein anderer Gemüseladen neben Ihrem eigenen. Das ähnelt dem ein wenig.

Heutzutage gibt es jedoch Straßen, in denen ähnliche Läden beieinander sind. In solchen Straßen kommen viele Menschen zusammen, und die Kunden sind zahlreich. In Tokio gibt es beispielsweise bestimmte Gegenden mit vielen Restaurants für *okonomiyaki* (herzhafter japanische Pfannkuchen) oder für *oden* (japanisches Eintopfgericht). Auch gibt es Straßen mit zahlreichen Bars. In diesen Gegenden können Sie frei entscheiden, in welchem Lokal Sie essen; daher kommen viele Leute gelegentlich und ohne konkreten Plan vorbei. Wenn Sie sagen: „Gehen wir nach Tsukishima und essen *monjayaki* (japanischer in der Pfanne gebratener Teig ähnlich wie okonomiyaki)", dann brauchen Sie nicht unbedingt ein konkretes Restaurant im Kopf zu haben. Sie gehen einfach dorthin, sehen sich nach dem um, in dem Sie essen wollen – irgendwo, in dem es nicht überfüllt ist, aber gutes Essen gibt, und in dem die Atmosphäre angenehm ist. Mittlerweile ist das möglich, aber damals muss es sehr mühsam gewesen sein, wenn andere in Ihrer Nähe „das gleiche Geschäft betreiben" wie Sie.

Hölle und Teufel, die infolge der Kriege zwischen Christentum und Islam entstanden

Hass wie der eben erwähnte, veranlasste die Christen, gegen Muslime um das Heilige Land zu kämpfen – mit anderen Worten, die Kreuzzüge nach Jerusalem. Sie kämpften in drei größeren Kriegen. Die christliche Seite schickte ihre Truppen aus Europa los, damit sie Jerusalem angreifen und zurückerobern. Während der Kreuzzüge wurde entsetzlich gekämpft und die Machtverhältnisse verschoben sich immer wieder, wobei beide Seiten immense Verluste erlitten. Trotzdem schafften es die Christen nicht, Jerusalem für lange Zeit zurückzugewinnen. Es traten auch zahlreiche Helden hervor, doch ich muss sagen, diese Kriege wurden teilweise aus Unwissenheit geführt.

Einer der rumänischen Könige während der Kreuzzüge war Vlad Dracula, der später das Vorbild für die Sage von Graf Dracula wurde, wie wir sie heute kennen. Meiner Vermutung nach war er stark, schlug etwa Feinden den Kopf ab und steckte diesen Kopf auf einen Stock, um ihn zu zeigen. Das muss ein außerordentlich unerträglicher Anblick gewesen sein. Zumeist waren seine Feinde Muslime. Die Szene war sicher die Hölle.

Insofern können Hölle und Teufel auf beiden Seiten auftreten, deshalb ist dies ein schwieriger Punkt. Man konnte in die Hölle kommen und zu einem Teufel werden im Tausch gegen Status, Macht und Ruhm in dieser irdischen Welt.

Manche meinen vielleicht, es wäre lustig, ein Teufel zu sein, weil man dann Leute herumkommandieren, die Seele anderer nach Belieben manipulieren und Menschen auf der Erde besetzen und sie leiden lassen kann. Das mag eine Sichtweise sein, aber denken Sie einfach darüber nach. Angenommen, Sie sind in einem Vergnügungspark wie Disneyland. Ein Teufel zu sein, ist so, wie auf ewig die Rolle eines Geistes in einem Geisterhaus zu spielen oder auf ewig in einer Geisterbahn zu fahren. Ich glaube nicht, dass das viel Spaß machen würde.

2 Die tiefsten Abgründe der Hölle, die Sie nie kannten

Sechzehn größere Höllen, die Materialisten nach dem Tod erwarten

Ein Aspekt der Hölle ist natürlich Angst. Neben der Angst gibt es Gefühle von Schmerz, Leiden und Traurigkeit. Diese Gefühle kann man auch in der menschlichen Welt erleben, aber in der Welt der Hölle existieren sie in ihrer Extremform.

Schließlich haben die meisten derer in der Hölle die gleiche Einstellung wie die sogenannten Materialisten, die derzeit in dieser Welt leben – die Menschen, die glauben, dass nur materielle Dinge existieren und dass es nur diese Welt gibt oder dass das Leben begrenzt ist.

Solche Personen landen häufig in der Hölle, und meist erwartet sie die Art von Qual, die sie lieber nicht durchleben würden. Wenn Sie sich selbst für eine rein körperliche Existenz halten, was wäre dann das Schrecklichste, Schmerzlichste oder Traurigste, was Ihnen passieren könnte? Es wäre zum Beispiel, den Schmerz zu erleiden, wenn Sie aufgeschlitzt oder erschossen werden. Das ist eine Form von Leiden. Somit gibt es eine Art von Hölle, in der Sie immer wieder körperliche Schmerzen erleiden, indem Sie von jemandem mit einem Messer verfolgt, indem Sie aufgeschlitzt oder erschossen werden oder indem Sie von einem hohen Ort in den Tod springen.

Eine andere Art der Hölle ist, wie weiter oben erwähnt, die Hölle der Qualvollen Schreie – ein Folterort, an dem man weinen und schreien will. Eine solche Hölle gibt es.

Es gibt auch Bereiche der Hölle, die mit Land und Region zusammenhängen. Diejenigen, die in Japan überliefert sind, werden die Acht

Haupthöllen genannt: acht Arten von sowohl Sengenden Höllen als auch von Eishöllen.

Diese Höllen unterscheiden sich je nach Region. Japan hat sowohl Sommer als auch Winter, deshalb gibt es verständlicherweise sowohl Sengende Höllen als auch Eishöllen. Aber ich glaube nicht, dass es Eishöllen in extrem heißen Gebieten gibt oder so etwas wie Sengende Höllen in extrem kalten Gegenden. Das richtet sich alles nach der Region.

In Japan gibt es sechzehn größere Höllen – acht Eishöllen und acht Sengende Höllen. Dieses Konzept kam auch aus China und aus Gebieten in der Nähe, daher existieren diese Höllen dort auch, wie ich vermute, obwohl sie weiter im Norden vielleicht etwas anders sind.

Sengende Höllen gibt es überwiegend in Ländern oder Gegenden mit vielen Vulkanen; Eishöllen hingegen kommen häufig in Gegenden mit viel Schnee vor oder dort, wo Menschen häufig bei Unfällen im Zusammenhang mit Eis sterben. So ist es nun einmal. Sowohl sengende Hitze als auch Kälte unter null Grad gefährden das Leben der Lebewesen auf der Erde. Darum sind diese Höllen zweifellos fürchterlich für diejenigen, die meinen, ihr Leben bestehe nur aus physischer Materie.

Temperaturen unter dem Gefrierpunkt, die Sie in Japan erleben, sind im Allgemeinen minus zwei oder drei Grad Celsius; in Hokkaido wird es etwas kälter. In New York sinkt die Temperatur manchmal auf etwa minus 20 Grad, und dies sogar ohne Schnee. Obwohl New York auf einem ähnlichen Breitengrad liegt wie die Präfektur Aomori in Japan, ist es kälter. Ein Mantel genügt nicht, um sich warm zu halten. Mein Baumwollmantel, den ich in Japan trug, genügte nicht, um mich bei einer Temperatur von minus 20 Grad Celsius warm zu halten. Es ist eisig ohne einen etwas teuren Kaschmirmantel. Zu der Zeit, als ich in New York lebte, gab es keine Daunenmäntel, die verbreiteten sich erst später. Die können Sie auch vor Kälte schützen.

Jedenfalls gibt es Eishöllen und Sengende Höllen wirklich, und Sie wissen nicht, in welcher Hölle Sie landen könnten. Das hängt auch davon ab, wie Sie Ihr Leben gelebt haben. Diejenigen, die vor Eifersucht brennen, oder diejenigen mit intensivem Hass, Neid oder Groll enden oftmals in Sengenden Höllen. Andererseits stehen Eishöllen meist mit Einsamkeit, Angst und Armut in Verbindung. Nahrungsmangel ist ein weiterer wichtiger Grund.

In der Hölle zu sein, bedeutet, dass Sie bereits ein Geistkörper sind, deshalb wird sich Ihr Aussehen in vielen Fällen nach und nach in eine Form verändern, die der Umgebung entspricht. Dort werden Sie immer wieder Dinge erleben, deren Erfahrung Sie auf der Erde gehasst haben.

Vielleicht haben Sie verschiedene Darstellungen der Hölle gesehen. Manche davon sind ein wenig übertrieben, andere hingegen nicht. Im Christentum beschrieb Dante Alighieri Himmel, Fegefeuer und Hölle. Als ich seine Schilderung des Fegefeuers las, fand ich sie etwas undurchsichtig und unklar. Ich nehme an, einen großen Teil davon dachte er sich in seiner Fantasie aus. Im Abschnitt über den Himmel treten viele berühmte historische Persönlichkeiten auf, während die als grausam und inhuman Bezeichneten im Abschnitt über die Hölle vorkommen. Könige und Religionsführer anderer Ethnien kommen ebenfalls in der Hölle vor. Doch ich muss sagen, dass er nicht unbedingt schrieb, um die Spirituelle Welt darzustellen.

Die Arten von Menschen, die direkt in die Abgrundtiefe Hölle kommen

Apropos Fegefeuer (*rengoku* [煉獄] auf Japanisch), in dem Anime *Demon Slayer*, das in Japan und weltweit populär wurde, hat eine Figur den Namen Kyojuro Rengoku. Er ist ein sehr starker, 20 Jahre alter Dämonentöter, bekannt als *Hashira*, der Anführer der Dämonenbekämpfer. Ich dachte, „Was für ein Name für eine Figur". Ich schätze, Kinder verstehen nicht, was sein Name bedeutet, doch eine solche Figur kommt in dem Anime vor. Jedenfalls hat das Christentum das Konzept des Fegefeuers.

In Japan hingegen sind die Menschen mit dem Fegefeuer nicht besonders vertraut. Nach dem Verständnis der meisten Japaner meinte Jesus mit „in die Hölle kommen und das ewige Leben verlieren" oder „die Hölle, der man nie entrinnen kann" die Hölle als einen Ort, an dem die sogenannten Satane und Teufel leben. Eine solche Hölle wird von denen bevölkert, die sich wirklich in Teufel verwandelt haben und die der „Missionstrupp der Hölle" geworden sind, die sich allerlei Ränke ausdenken, um die Kräfte in der Hölle zu erweitern. Im Allgemeinen können diese Wesen dort nicht herauskommen.

Es gibt auch Menschentypen, die direkt in die Abgründe der Hölle kommen, die als Abgrundtiefe Hölle bezeichnet wird. Sie stürzen kopfüber hinein und häufig können sie nicht so leicht herauskommen. Die Mehrzahl der Menschen, die in die bodenlose Abgrundtiefe Hölle kommen, sind Philosophen, Wissenschaftler, Politiker und andere mit starker Einflussmacht.

Nehmen Sie etwa Philosophen: Sie haben nicht unbedingt Verbrechen im weltlichen Sinn begangen, aber sie haben „dem Geist der Menschen giftige Gedanken eingeflößt". Weil die Gedanken zu viele Menschen beeinflussten, können einige von ihnen aus dieser Hölle nicht herauskommen. Sie mögen in dieser Welt eine angesehene Position gehabt haben, um andere zu führen, und sie hatten vielleicht Status oder waren reich.

Ich möchte keine konkreten Namen nennen, doch wenn ich Ihnen ein paar Beispiele anführen sollte, sind unter ihnen Personen, die viele Romane schreiben oder zahlreiche Filme über schauerliche Verbrechen drehen. Diese Personen sind fasziniert von Höllischem, deshalb ist ihr

Geist auf die Hölle eingestellt. Wenn sie sterben, stürzen sie direkt in die Hölle, ohne das Urteil Yamas zu erhalten. Oftmals bekommen sie keine Chance, ihr Leben auf einem Das-Leben-reflektierenden-Spiegel oder *johari no kagami* (Yamas kristallklarer Spiegel) anzuschauen und über sich selbst nachzudenken; sie stürzen kopfüber in die Hölle.

Von den Geisteswissenschaftlern spezialisieren sich viele auf Philosophie und Religionswissenschaft; auch sie müssen vielleicht zuerst eine gewisse Zeit in der Hölle zubringen. Zumeist deshalb, weil sie Anstifter oder Verbreiter höllischer Vorstellungen waren. Viele von ihnen wurden in dieser Welt als großartige Professoren angesehen. Selbst ein emeritierter Professor der Universität Tokio ist in die Abgrundtiefe Hölle gekommen und ebenso ein berühmter Autor.

Es ist in der Tat schwer zu sagen, ob eine Arbeit himmlisch oder höllisch ist. In einem Roman könnte zum Beispiel eine Figur getötet werden, doch die Frage lautet, ob die Geschichte insgesamt die Kraft hat, den Geist der Leser zu bekehren oder zu reinigen, oder ob sie voll Verlockung ist, sie in Richtung Hölle oder Böses zu führen. Ein weiterer Punkt ist, ob der Roman diese irdische Welt besser oder schlechter macht.

Manche Werke bejahen den Materialismus oder sind stark eingefärbt mit revolutionären Vorstellungen, die das Töten bejahen, etwa „Es ist kein Problem, Menschen zu töten, denn Menschen sind nur materialistische Wesen". Außerdem können andere Werke zur Verbreitung schrecklich grausamer Vorstellungen beitragen. Die Autoren dieser Werke kommen in die Abgrundtiefe Hölle, und wenn ihre Sünde zu schwer ist, können sie sogar zu Teufeln werden. Das ist tatsächlich vorgekommen.

Die Sünde Nietzsches: Das Christentum kritisieren mit der Theorie vom *Übermenschen*

Weil ich in diesem Kapitel über den Kampf gegen Teufel in der Hölle reden wollte, las ich einige Bücher zu diesem Thema. Bis vor zwei oder drei Tagen las ich ein Buch des deutschen Philosophen Nietzsche, der auch in dem Happy-Science-Film *Das Gesetz der Ewigkeit* dargestellt wird. Bei mir erscheinen die Autoren immer spirituell vor mir, wenn ich ihre Bücher lese. Sie sind recht hartnäckig und schwierig. Der philosophische Gedanke, der in dem Buch, das ich las, beschrieben war, war die *Übermensch*-Theorie, die das Christentum kritisiert. Nietzsche schrieb auch den berühmten Satz, „Gott ist tot".

Nietzsche wurde in eine protestantische Familie hineingeboren, sein Vater war Pfarrer. Er begann sein Talent etwa ab einem Alter von 13 Jahren zu zeigen, und ich vermute, er war ein intelligenter, aufgeweckter Junge. Er studierte klassische Philologie und bekam mit 24 Jahren eine Stelle an der Universität Basel angeboten, mit 25 wurde er Professor. Er muss unglaublich intelligent gewesen sein, um in so einem Alter Professor für klassische Philologie zu werden.

Nietzsche konnte Griechisch, Latein und andere Sprachen lesen. Er war übergenau und wahrscheinlich studierte er auch Philosophien der Vergangenheit. Dies beweist, intelligent zu sein, bedeutet nicht zwangsläufig, dass man nach dem Tod in die himmlische Welt kommt. Obwohl er im Alter von 25 Professor wurde, waren die Philosophien, die er vorstellte, außerordentlich ketzerisch. Darum zog er eine Flut von Kritik auf sich, was ihn letztlich aus der akademischen Welt vertrieb.

Sein berühmtes Werk ist *Also sprach Zarathustra*, und es gibt ein klassisches Musikstück mit demselben Titel. Zarathustra nimmt Bezug auf Zoroaster. Nietzsche dachte, „Jesus wurde zu einem Verbrecher gemacht und er wurde neben anderen Verbrechern gekreuzigt. Er wurde an das Kreuz genagelt, seine Beine wurden gebrochen, er wurde von einer Lanze durchbohrt und starb. In irdischem Sinn war er ein schwacher Gott". Folglich zog Nietzsche den Schluss, dass es lächerlich sei, an einen solchen Menschen zu glauben. Er sagte auch, Jesus sei vom *Ressentiment* der Juden getötet worden. Ressentiment bedeutet so etwas wie sehr viel Eifersucht. Er sah Jesus als einen Gott an, der von der Eifersucht der Menschen getötet wurde.

Außerdem dachte er, „Nachdem Jesus gekreuzigt worden war, wurde das Kreuz zu einem Symbol Gottes gemacht. Christen verwendeten es, um zu sagen, dass die Menschheit durch die Kreuzigung Jesu erlöst wurde. Diese Vorstellung begann mit Apostel Paulus und wurde von anderen verbreitet. Sie erfanden Vorstellung, um dafür zu sorgen, dass ein schwacher Mensch, der in dieser Welt getötet wurde, als großartiger Mensch angesehen werden würde. Deshalb ist das Christentum beinahe wie Betrug". Dies ist einer der Schwachpunkte des Christentums, den er erkannte und angriff.

Sein Vater starb in seinen Dreißigern, darum weiß ich nicht, wie stark Nietzsche von seiner Familie beeinflusst wurde; aber ich bin mir sicher, er wusste viel über die christliche Glaubenslehre, weil er ein Pfarrerssohn war. Er hielt es für dumm, wie alle einen so schwachen Gott verehrten, und er dachte, ein wahrer Gott muss stark sein.

In Japan werden rachsüchtige Geistwesen in einen Schrein eingeschlossen, um zu verhindern, dass sie Menschen verwünschen

Eine ähnliche Ansicht gibt es auch in Japan. Diejenigen, die in Japan als Götter bezeichnet werden, sind gewöhnlich Kriegsgötter; die Gewinner des Krieges wurden häufig als Götter in Schreinen aufbewahrt. Doch wenn die Menschen fürchteten, dass die auf der Verliererseite rachsüchtige Götter werden würden, bauten sie ein Mausoleum oder einen Schrein, um sie auch als „Götter" zu verehren. Weil die Menschen ihre Verwünschungen fürchteten, verliehen sie ihnen den Status von Göttern und brachten ihnen Opfergaben dar. So versuchten die Menschen, diese Geistwesen vom Verwünschen abzuhalten.

Eines der bekannten Beispiele dafür ist Sugawara no Michizane (845 – 903) vom Dazaifu Tenmangu Schrein, der jetzt als der Gott des Lernens bekannt ist. Er war Politiker, aber er wurde degradiert und nach Dazaifu auf Kyushu ins Exil geschickt. Er ist auch berühmt dafür, dass er die japanischen Gesandtschaften nach Tang-China abschaffte. Er war sehr intelligent, wurde aber dennoch verbannt.

Ein weiteres Beispiel ist Taira no Masakado (ca. 903 – 940), der bekannt ist für seinen Aufstand gegen den Kaiserhof. Er stellte in der Region Kanto Truppen auf und begann einen Aufstand.

Vor Jahrzehnten hatte die Long-Term Credit Bank in Japan (dt. etwa Bank für langfristige Kredite) – die jetzt einen anderen Namen hat – ihren Hauptsitz im Bezirk Chiyoda, Tokio. Der war ein schwarzes Gebäude, das sehr dunkel und unheimlich war, aber es wurde von den Menschen gut angenommen. Es war ein hohes, langes Gebäude mit einem ungewöhnlichen Design; auf etwa halber Höhe hatten die beiden Seiten des Gebäudes horizontal eine U-förmige Aussparung, dann ging das Gebäude nach oben weiter. Als ich dies sah, machte ich mir Sorgen, dass es bei einem Erdbeben einstürzen könnte. In einer Ecke des Grundstücks befand sich eine Grabstätte, in der der abgeschlagene Kopf von Taira no Masakado aufbewahrt wurde.

Jeder in der Bank fürchtete sich vor dieser Ecke und vermied es, mit dem Rücken zur Grabstätte zu sitzen. Doch wie erwartet, kam es zu einem unerklärlichen Todesfall nach dem anderen bei denjenigen, die sich mit dem Rücken zur Grabstätte setzten. Über diese Vorfälle wurde sogar in den Zeitungen berichtet, darum hatten die Menschen Angst vor diesem Grab. Ich glaube, das Gebäude wurde später umgebaut, doch es muss gruselig gewesen sein. Es ist unheimlich, wie jemand sogar nach 1000 Jahren noch Verwünschungen aussprechen kann.

Apropos Taira no Masakado, ich hatte folgendes Erlebnis. Als sich der Hauptsitz von Happy Science im Kioicho Building in der Nähe von Akasaka befand, traf ich mich mit Haruki Kadokawa vom Verlag Kadokawa Shoten Publishing. Er war ein recht exzentrischer Mensch; er erbaute einen Kadokawa-Schrein und ernannte sich selbst zu dessen Priester. Er behauptete, übersinnliche Fähigkeiten zu haben, und drehte gelegentlich auch Filme, in denen es um übernatürliche Kraft oder die spirituelle Welt ging. So jemand bot uns an, Taschenbücher im Taschenformat zu veröffentlichen, darum veröffentlichten wir ungefähr zehn Bücher bei seiner Firma, darunter *Das Gesetz der Sonne*, *Das Goldene Gesetz* und *Der Aufstieg durch die Dimensionen*. Deshalb kam er gelegentlich in unseren Hauptsitz.

Eines Tages fragte er mich: „Wer war ich Ihrer Ansicht nach in meinem früheren Leben? Bitte teilen Sie mir Ihre Einschätzung mit." Ich antwortete: „Ich bin mir sicher, Sie haben es von anderen Menschen mit übersinnlichen Fähigkeiten gehört. Vielleicht sollte ich es nicht sagen." Doch er bestand darauf: „Nein, ich habe nichts gehört, bitte." Ich wusste, dass er zu anderen Personen mit übersinnlichen Fähigkeiten ging, und mir wurde gesagt, er war in seinem früheren Leben der japanischer Feudalherr Takeda Shingen. Darum benahm er sich wie ein Samurai-General aus der Zeit der Streitenden Reiche, weil er glaubte, er selbst kämpfe, um die „Führung in Japan zu übernehmen". Doch in meinen Augen war er eindeutig Taira no Masakado.

Das Geistwesen von Taira no Masakado war immer bei ihm, darum dachte ich, sein Leben muss schwierig gewesen sein und würde künftig problematisch werden. In den Filmen von Kadokawa Pictures ging es damals oft um Themen wie *Samurai Reincarnation* und *Tokyo: The Last War*. Darin wurde in der Tat eine dämonische Welt dargestellt; in den Geschichten ging es genau um die Welt der Dämonen. Daher sagte ich ihm: „Sie können in Ihrem früheren Leben Taira no Masakado gewesen sein, aber andere Wahrsager haben Ihnen wahrscheinlich etwas anderes gesagt." Ich weiß nicht, ob er mir glaubte oder nicht.

Angesichts der Tatsache, dass ich jemand mit übernatürlichen Fähigkeiten bin, öffnete er sein Herz auf und erzählte mir bedenkenlos verschiedene Dinge. Einmal erwähnte er, wie ihm jemand gesagt hatte: „Erinnern Sie sich an den Vulkanausbruch neulich in Südamerika? Ich vermute, den haben Sie, Mr. Kadokawa, ausgelöst." Ich hörte ihm nur zu und sagte: „Ach, ist das so?" Doch für jemanden, der ein erstklassiges Unternehmen leitete, sagte er riskante Dinge.

Als ich damals mit ihm sprach, fühlte ich mich schwindelig, und es schien, als würde der Raum um mich herum verzerrt. Ich fragte mich, was das für ein Phänomen war. Als er einige Zeit später wegen Besitzes illegaler Drogen verhaftet und verurteilt wurde, wurde mir klar, dass das Gefühl des sich verzerrenden Raumes und mein sich drehender Kopf seinen Drogenkonsum widerspiegelte. Er war also auf einem „Trip". Vielleicht besuchte er die andere Welt und bekam von dort Ideen für seine kreative Arbeit.

In jenen Jahren mietete ich mir im Sommer häufig eine Blockhütte oder eine Hütte in Karuizawa, um mich dort zurückzuziehen. Ich glaube, es war an dem Abend, als Mr. Kadokawas Verhaftung in den Nachrichten gemeldet wurde. Da sah ich einen schwarzen Schatten von jemandem, der in der Ecke des Wohnzimmers saß und seine Knie an die Brust gezogen hatte. Damals hatte ich keine Nachrichten gesehen, darum wusste ich nichts von seiner Verhaftung.

Ich dachte, „Was ist das? Etwas Schwarzes sitzt in der Zimmerecke". Ich schaute genau hin und sah, wie sehr es Mr. Haruki Kadokawa ähnelte. Ich fragte mich, was das bedeutete und warum er da war. Wenn jemand stirbt, besucht mich oftmals dessen Geistwesen, darum dachte ich, er sei gestorben. Doch das war nicht der Fall. Später sah ich Mr. Kadokawas Verhaftung in den Nachrichten und dachte, „Ach, vielleicht ist er hergekommen, um mich um Hilfe zu bitten".

Ein andermal hörte ich auch: Als er sich einer Krebsoperation oder Ähnlichem unterzog, hörte er sich über Kopfhörer ununterbrochen *Die wahren Worte, die Buddha gesprochen hat* an, während er im Bett lag. Wahrscheinlich vertraute er mir also als jemandem mit übersinnlicher Wahrnehmung. Wie es scheint, erholte er sich von dieser Erkrankung.

Es gibt verschiedenste Menschen mit übersinnlichen Fähigkeiten, darum müssen wir durchschauen, mit welchen Wesen und mit was für Welten diese Medien in Verbindung stehen.

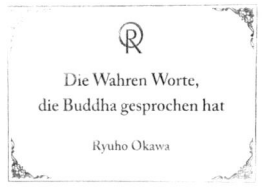 *Die wahren Worte, die Buddha gesprochen hat,* das Hauptsutra von Happy Science.

3 Selbst heutzutage suchen Teufel bestimmte Religionen heim

Besonders auf der Hut sein müssen wir vor bösen Religionsgruppen, die sich auf übernatürliche Kraft konzentrieren. Falls Sie jahrelang mit ihnen zu tun hatten, werden Sie von den bösen Geistwesen besetzt werden, die diese Gruppen bevölkern. Diese bösen Geistwesen können nicht leicht ausgetrieben werden, und das ist ein sehr ernstes Problem.

Von den Gruppen des esoterischen Shingon-Buddhismus sind einige rechtgläubig und gut, doch andere konzentrieren sich auf die Praktik, eine Zielperson mit einem Todesfluch belegen. Andere Gruppen bringen ihren Anhängern bei, ihre Hände in einem gewissen Abstand über eine andere Person zu halten, um sie zu reinigen und böse Geistwesen auszutreiben, obwohl sie selbst noch nicht die Erleuchtung erlangt haben. Viele dieser Gruppen liegen falsch; nicht nur kommen höllische Geistwesen in Scharen zu diesen Gruppen, sondern manche werden sogar von Teufeln geleitet. Diesen Gruppen gehören viele Mitglieder an, und die praktizieren solche Rituale, darum ist das ein großes Problem.

Bei Happy Science hatten wir auch einige Mitarbeiter, die lange Zeit Anhänger dieser Religionsgruppen gewesen waren. Einer von ihnen wohnte in ihrem Institut und nahm an ihren Seminaren teil. Doch falls Sie lange Zeit einer bestimmten Gruppe angehörten, wird es sehr schwierig, die besetzenden Geistwesen zu entfernen, auf die Sie sich vorher eingestellt hatten. Die, die streng gläubig waren und ihren Gauben 24 Stunden am Tag 7 Tage in der Woche in dem Institut praktizierten, werden es besonders schwierig finden, die besetzenden Geistwesen auszutreiben. Sogar nachdem die Person entsagender Anhänger von Happy Science geworden war, wurde sie bedauerlicherweise wieder in das alte Nest zurückgezerrt.

Selbst in der Verehrung übernatürlicher Kräfte sollte es rechtmäßige Lehren geben. Die Menschen sollten ihr eigenes Handeln durch Selbstreflexion korrigieren und ihren Charakter als Mensch verbessern. Daher sind die Gruppen in der Tat gefährlich, die sich dafür aussprechen, dass alle Probleme durch übernatürliche Kräfte gelöst werden. Dies wurde mir während verschiedener Erfahrungen klar, die ich gemacht habe.

Eine Gruppe lehrt sogar, indem Sie Ihre Hände über eine Person halten, können Sie die bösen Geistwesen entfernen, die die Person besetzen, als würden Sie Lagen von dünnem Papier abziehen. Sie ermuntern ihre Mitglieder – die von umherstreifenden Geistwesen besetzt sind –, dies miteinander zu üben. Selbst falls ich ihnen sage: „Logisch ist das unmöglich. Wie können Sie böse Geistwesen austreiben, wenn Sie nicht die Kraft haben, Gottes Licht in die andere Person zu schicken?", dann sagen sie: „Doch, das können wir. Wir tragen ein spirituelles Schmuckstück, das sogenannte *omitama*, also können wir böse Geistwesen austreiben." Diese Gruppe steht mit der Mahikari-Religion (wörtlich „wahres Licht") in Verbindung.

Ich habe das Reinigungsritual einer mit Mahikari in Verbindung stehenden Religionsgruppe sogar erlebt. Das war um die Zeit herum, als ich mit der Spirituellen Welt zu kommunizieren begann. Ich absolvierte einen 18-tägigen Fahrschulkurs am Stück, der in der Higashi-Ashikaga-Fahrschule in der Präfektur Tochigi abgehalten wurde. Unter den Leuten, mit denen ich diese Tage verbrachte, war ein junger Mann, der Mitglied einer Gruppe war, die Mahikari praktizierte. Als ich mich mit ihm unterhielt, redeten wir irgendwann über Religion.

Diese Gruppe hat ein Sutra oder eine Art Shinto-Gebet, das sogenannte *norito*, das oft von mit dem Shinto in Verbindung stehenden Religionen rezitiert wird. Sie setzen das Sutra oder *norito* mit demselben Inhalt ein, das mit den Worten beginnt, „Die Namen der Götter, die im Takamanohara leben, sind ..." Die Gruppe, der der Mann angehörte, sprach es „Takamanohara" aus statt „Takamagahara". Sie tragen einen Anhänger, *omitama* genannt, der einer kommaförmigen Perle ähnelt, und halten ihre Hände über Sie, während sie das Gebet rezitieren.

Mein spiritueller Kanal war damals bereits geöffnet. Um zu beschreiben, wie ich mich fühlte, während dieses Ritual an mir durchgeführt wurde: Im Grunde war mir glühend heiß. Während der Mann seine Hand über mich hielt, hatte ich das Gefühl, als würde ich gegrillt werden. Das war nicht die Art von Wärme, die vom Himmel kommt; es war eine glühende, brennende Empfindung. Die Anhänger der Gruppe, der er angehörte, halten dies wahrscheinlich für das Licht Gottes, doch nach meinem Empfinden war es das, was Sie in der Hölle der Sengenden Hitze oder in der Hölle der Großen Sengenden Hitze verspüren würden.

Tatsächlich ist der Begründer dieser Religion in diese Hölle gekommen. Zu seinen Lebzeiten sagte er häufig Sätze wie: „Der Feuerregen wird niedergehen!", „Die Apokalypse wird kommen, und der Feuerregen wird niedergehen." In der Tat empfand ich eine solche Gluthitze. Das war die Hölle der Sengenden Hitze. So etwas kann passieren.

Die unterschiedliche „Führung" durch die Geistwesen im Himmel und durch die Teufel in der Hölle

Manche Religionen oder Konfessionen können eine Gluthitze in Ihnen auslösen, andere hingegen eine fröstelnde Kälte. Genau genommen gibt es relativ viele Religionen, die Sie schaudern oder zittern lassen. Manchmal wird Ihnen kalt, als wäre die Temperatur gesunken. Das passiert nicht nur bei Teufeln, sondern auch bei Geistwesen aus der Hölle allgemein. Es ist praktisch das gleiche Phänomen, das Sie in einem Geisterhaus erleben.

Lassen Sie mich Ihnen dazu meine eigene Erfahrung mitteilen. Ich erwähnte dies schon vor langer Zeit, aber es war, als mein älterer

Bruder noch lebte. Sein spiritueller Kanal war ebenfalls geöffnet, darum bat ich ihn immer – obwohl es mir für ihn leid tat –, Medium zu sein und die bösen Geistwesen zu channeln, während ich nur die Engel des Lichts channelte, wenn ich spirituelle Botschaften empfing. Heutzutage muss ich beide channeln, deshalb ist es mittlerweile ein Aufwand, doch damals war mein Bruder der „Experte" für das Channeln böser Geistwesen.

Das Haus meiner Eltern in der Stadt Kawashima (Yoshinogawa City) hatte im zweiten Stock drei Räume, und wir benutzten das mittlere Zimmer, um spirituelle Botschaften durchzuführen. Während wir Botschaften von einem bösen Geistwesen erhielten, sank die Raumtemperatur um zwei Grad Celsius. Uns war kalt, und die Temperatur auf dem Thermometer ging tatsächlich auch zurück; daraus lernte ich, dass böse Geistwesen die Temperatur wirklich sinken lassen.

Wenn Sie spirituelle Disziplin praktizieren oder spirituelle Phänomene erleben und Ihnen oftmals extrem kalt oder unerträglich heiß ist – als würden Sie verbrannt, auf einer Eisenplatte gegrillt oder in einem Topf gekocht werden –, müssen Sie damit rechnen, dass etwas Unhimmlisches zu Ihnen gekommen ist.

Falls jedoch ein himmlisches Geistwesen zu Ihnen heruntergekommen ist, während Sie von einem bösen Geistwesen besetzt sind, werden Sie das Gefühl haben, als würde plötzlich etwas von Ihnen abgeschält werden. Bildlich gesprochen ist das ähnlich, wie wenn eine Tapete von einer Wand abgezogen wird. Dann werden Sie eine gewisse Wärme empfinden und im Frieden sein.

Wenn im Gegensatz dazu ein Teufel kommt, werden Sie etwas Schweres im Magen spüren, als würde eine Eisenkugel hineingelegt. Sie bekommen einen schweren Bauch. Andere Leute haben diese Erfahrung auch gemacht, wie ich gehört habe; lassen Sie mich Ihnen nun meine eigene Erfahrung mitteilen.

In Japan gibt es eine religiöse Gruppe namens GLA, die sich nach dem Tod ihres Gründers, Shinji Takahashi, in mehrere Splittergruppen aufteilte. Eine Splittergruppe leitete die bereits verstorbene Yuko Chino. Sie veröffentlichte zahlreiche Bücher mit ähnlichen Titeln. Inhaltlich unterscheiden sich diese Bücher nicht so sehr von dem, was Shinji Takahashi schrieb.

Mein Vater und mein älterer Bruder lasen ihre Bücher, aber sie konnten nicht sagen, ob sie himmlisch oder höllisch waren. Eines ihrer Bücher schickten sie mir und sagten: „Ich glaube, das ist ein gutes Buch. Es handelt von Liebe und Gnade. Es ist bei Mercy and Love Publishing erschienen, darum muss es gute Dinge enthalten."

Als ich es las, konnte ich, noch bevor ich bei der Hälfte war, nicht weiterlesen; die Wörter begannen zu flimmern, und mein Magen fühlte sich ungeheuer schwer an. Ich ertrug es nicht und konnte das Buch auch nicht bei mir im Zimmer behalten. Darum hatte ich keine andere Wahl als es wegzuwerfen, obwohl ich die Autorin nicht beleidigen wollte.

Falls Sie jemals einer Religionsgemeinschaft angehört haben, die von bösen Geistwesen kontrolliert wird, und Sie viele Bücher von ihnen haben, dann empfehle ich, diese Bücher nicht in Ihrem Zimmer aufzubewahren. Sie können sogar durch Bücher mit gleichgesinnten Geistwesen verbunden sein.

Was ist mit meinen Büchern? Als ich noch bei der japanischen Handelsfirma arbeitete, veröffentlichte ich das fünfte Buch meiner Reihe mit spirituellen Botschaften, *Spiritual Messages from Socrates* (deutsch etwa Spirituelle Botschaften von Sokrates).

In meiner Mittagspause ging ich in die größte Buchhandlung in Nagoya – ich glaube, es war Maruzen –, um zu schauen, ob es in Stapeln auslag. Da sah ich, wie von dem Stapel meiner Bücher goldenes Licht ausstrahlte. Ich war so überrascht, das zu sehen. Es war, als wären goldene „Lunch-Boxen" in großer Zahl aufeinandergestapelt. Das war das erste Mal, dass ich das von Büchern der Wahrheit hervorstrahlende Licht so deutlich wahrnahm.

In Buchhandlungen liegen Bücher, die Licht ausstrahlen, und Bücher, die höllische Schwingungen abgeben, aufgereiht nebeneinander. Manche Menschen kaufen sie, ohne sich dessen bewusst zu sein, und einige werden zu unguten Dingen hingezogen. In diesem Punkt sollten Sie achtsam sein.

Die Probleme der Vereinigungskirche

Ein weiteres Problem gibt es mit der Vereinigungskirche. In gewisser Weise trat sie in ihren Anfängen für ein ähnliches Narrativ ein wie Happy Science. Sie behaupten, ihr Begründer, Sun Myung Moon – der bereits verstorben ist –, sei die Wiederkunft Jesu Christi. Wir bei Happy Science hingegen sagen, „Ryuho Okawa ist der Wiedergeborene Buddha", was ein wenig ähnlich klingt. Außerdem hielt ich in der Anfangszeit zehn Lehrreden über die „Prinzipienreihe", und als diese Lehrreden als Bücher herausgegeben wurden, sagte mir der Verlag: „Wenn Sie ‚Prinzip' zu oft sagen, könnten die Leute Sie mit jener bestimmten Religionsgruppe verwechseln. Vielleicht wollen Sie darüber nachdenken, den Titel zu ändern."

Die Vereinigungskirche hat praktisch keine Bücher über ihre grundlegenden Lehren. *Das Göttliche Prinzip* ist das einzige und behandelt ihre Hauptlehren. Es beginnt mit der Geschichte von Adam und Eva und beschreibt, wie Eva der Versuchung des Satans verfiel, was zu Adams Verderben führte. Es basiert also auf einer Theorie der Abwertung – wie die Menschheit auf der Erde verdorben wurde. Dann besagt es, „Die Menschen müssen in den Himmel oder Garten Eden zurückkehren, und darum müssen wir Missionsarbeit durchführen". Das ist die Lehre von Das Göttliche Prinzip.

In diesem Buch steht, dass „Japan Eva und Südkorea Adam ist. Der Teufel begab sich nach Japan oder zu Eva, und verführte Südkorea dazu, der furchtbare Staat zu werden, der es heute ist". Diese Vorstellung wird in Südkorea gut aufgenommen, und sie vertreten weiterhin die Vorstellung, „Japan an sich ist böse".

Koreaner reden endlos über die Geschehnisse von vor 100 Jahren. Sogar heute sagen einige Koreaner zum Beispiel noch: „Vor dem Zweiten Weltkrieg wurde ich gezwungen, für eine Schwerindustriefirma eines bestimmten japanischen Konzerns zu arbeiten." Und sie fordern, dass Japan ihnen eine Entschädigung zahlt. Diese Mentalität liegt den Südkoreanern zugrunde.

Mit anderen Worten lässt sich die Sichtweise der Vereinigungskirche so zusammenfassen: „Die Koreaner wurden von Eva oder Japan getäuscht. Der Satan besetzte Japan, und sie täuschten uns und zerstörten die koreanische Halbinsel. Japan wird nur vergeben werden, wenn es leidet und für seine Sünden Reue zeigt. Somit sind japanische Frauen ähnlich wie Tiere. Weil japanische Frauen wie wilde Tiere sind, ist es keine Sünde, irgendwelche von ihnen nach Korea herüberzuholen für eine Massenhochzeit."

Sie lehren weiter: „Da Japan Eva ist, ist es gut, ihm das Geld herauszuziehen. Nehmt möglichst viel Geld von Japan und bringt es nach Südkorea." Sie haben praktisch nichts zu lehren oder zu verkaufen, darum trug der Begründer seinen Anhängern letztlich auf, sogar Steine zu Geld zu machen, indem sie sie verkaufen. Es macht mich traurig, wie junge japanische Mädchen manchmal an Kreuzungen Nelken für Geld verkaufen müssen, wie Blumenmädchen. Sie verkaufen Blumen an gefährlichen Stellen, wo sie leicht in einen Unfall verwickelt werden könnten. Es scheint eine Anordnung zu geben, die besagt, „Nutzt alle erdenklichen Mittel, um Geld aus Japan abzuziehen, als würdet ihr Blut saugen, und schickt das Geld nach Südkorea!"

Indem die Vereinigungkirche Japan mit diesem Denken zum Feind macht, streben sie danach, die Teilung mit Nordkorea aufzuheben. Sie sagen: „Japan, das Land Evas, ist unser gemeinsamer Feind. Lasst uns den Teufel aus Japan austreiben und uns selbst retten. Dann können wir alle in den Garten Eden zurückkehren." Darum wird diese Religion auf der koreanischen Halbinsel nicht so negativ gesehen.

In Japan wurden sie von den Massenmedien scharf dafür angegriffen, eine zu enge Beziehung zur Liberaldemokratischen Partei (LDP) zu haben. Sie unterstützten die LDP bei Wahlen, stellten ihnen Sekretäre zur Verfügung, schickten der Partei Geld und machten verschiedenes anderes. Das ist nichts Neues; sie versuchen, Schlüsselfiguren näherzukommen.

Doch mir tun ihre Anhänger leid, weil viele von ihnen im Herzen rein sind. Das ist wirklich bedauerlich, und ich bin darüber sehr traurig. Ihre Mitglieder werden aufgefordert, nicht nur Politikern, sondern auch anderen Menschen näherzukommen. Professor Shoichi Watanabe, ein bekannter Wissenschaftler und Kritiker, hatte eine Hausangestellte, die Mitglied der Vereinigungskirche war. Er hatte damals drei kleine Kinder, darum brauchte er jemanden, der sich um das Haus kümmerte.

Diese Hausangestellte war knapp zwanzig, als sie bei ihm zu arbeiten anfing, und sie arbeitete dort fast zehn Jahre. Mr. Watanabe zufolge war sie eine sehr engagierte junge Frau. Er beschrieb sie folgendermaßen: „Sie arbeitete sehr hart. Sie war die Art von Mädchen, die ihre Mahlzeiten allein aß, wenn niemand da war, und sie aß nur eine sehr kleine Portion, als würde sie von einem winzigen Keks abbeißen. Uns hat sie sehr geholfen." Sie arbeitete dort, bis Mr. Watanabes Kinder in die Mittelstufe kamen. Weil die Vereinigungskirche die International Federation for Victory over Communism betreibt, vermute ich: Wenn sie Schlüsselfiguren finden, die sie ihrer Meinung nach „benutzen" könnten, dann schicken sie ihre Mitglieder zu ihnen.

Ich bin mir sicher, sie machen das auch bei Politikern. Die Zahl der vom Staat bezahlten Sekretäre pro Abgeordneten ist durch das Parlamentsgesetz festgelegt; deshalb schicken sie manchen Politikern zusätzliche Sekretäre, damit sie ihnen bei der Arbeit helfen. Das machen sie meiner Ansicht nach. Ihre Mitglieder machen das in dem Glauben, sie täten etwas Gutes, und viele von ihnen wirken tatsächlich rein und unschuldig.

Als ich in den Vereinigten Staaten war, wurde ich an einer Straßenecke in Manhattan von einem ihrer Mitglieder angesprochen. Damals kannte ich den englischen Namen ihrer Gruppe nicht. Eine Dame, die etwas Japanisch konnte, erwähnte, „Intellekt, Emotion, Willenskraft" auf Japanisch. Ich dachte bei mir, „Was! Warum um alles in der Welt weiß eine Amerikanerin diese japanischen Wörter?" Auf jeden Fall lud sie mich für ein Gespräch zu ihrem Treffen ein.

Ich erinnere mich nicht, ob es ein Freitag- oder Samstagabend war. Sie sagte mir: „Wir haben ein Abendtreffen, wir kommen einfach zusammen, essen eine Kleinigkeit und unterhalten uns. Wir sind Christen." Ich dachte, es wäre nicht schlecht, sich mit dem Christentum zu beschäftigen. Mitten in Manhattan – ich glaube, es war in der Nähe der 50. Straße – wurde mir gesagt, dass „Intellekt, Emotion und Willenskraft" wichtig seien. Deshalb folgte ich ihr ohne jeglichen Argwohn und nahm an dem Treffen teil.

Als ich eintrat, wurde eine weitere Person – ein japanischer Koch, der in den Vereinigten Staaten lernte – dort „vereinnahmt", deshalb wurden wir beide ins Visier genommen. Ich glaube, ich unterhielt mich ungefähr vier oder fünf Stunden mit ihnen. Wir begannen am frühen Abend und redeten fünf Stunden lang. Ich dachte, das würde nie mehr enden, darum ließ ich meinen Schleier fallen, zog eine „Rüstung" an und sagte ihnen: „Auch ich habe spirituelle Kraft. Ich kenne mich aus mit spirituellen Dingen." Als ich ihnen eine spirituelle Praktik zeigte und in einer unbekannten Sprache redet, schienen sie irritiert und sagten: „Das kennen, das kennen wir auch." – Da änderten sie plötzlich ihre Einstellung. Während ich mit ihnen redete, lief der Koch davon, und ich musste allein mit ihnen fertigwerden.

Ich wurde gebeten, meine Adresse, meinen Namen und meine Telefonnummer aufzuschreiben, doch das hielt ich für riskant. Deshalb schrieb ich nur meine Adresse auf, nicht aber meine Telefonnummer. Später bekam ich häufig Postkarten von ihnen, aber ich bin seitdem nie mehr hingegangen.

Die Leute, die ich traf, wirkten nett. Auf einen Blick wirkten sie nett und sehr freundlich, und weil sie Dinge erwähnten wie, „Alle Religionen müssen eins werden", klang das, als würden sie etwas sehr Gutes sagen. Doch sie kommen mit verschiedenen Methoden auf Sie zu, die fast wie Betrug sind. Sie begannen beispielsweise mit Dingen wie Handlesen. Eine Japanerin, die ebenfalls bei dem Treffen war, machte Dinge wie Handlesen und sagte zu mir: „Sie sind ein intelligenter Mann." Doch wahrscheinlich sagte sie allen das Gleiche. Die Leute, die für eine japanische Firma arbeiten und nach New York geschickt werden, sind meist die Elite. Darum wäre es in den meisten Fällen nicht falsch, zu sagen: „Sie sind ein intelligenter Mensch." Zu Beginn machte sie Ihnen Komplimente, um Sie so in die Falle zu locken. Sie wirkte freundlich und nett, und obwohl sie mir leid tat, konnte ich nicht viel tun.

Im Falle der Vereinigungskirche werden Sie keine „Gluthitze" oder „Eiseskälte" empfinden. Auf einen Blick ist ihr Herangehen sanft und behutsam, aber es fühlt sich so an, als würden Sie sich langsam in einem Spinnennetz verstricken, bis Sie in ihrem Nest gefangen sind. Sobald Sie sich verstricken und in ihrem Nest gefangen sind, erscheint die „Spinne" rasch, und Sie werden völlig vereinnahmt. So gehen sie vor.

Sowohl in der Religion als auch in der Politik brauchen Sie den rechten Zweck, das rechte Motiv, die rechten Mittel, das rechte Vorgehen und die rechten Ergebnisse

Warum hat die Vereinigungskirche also unrecht? Schauen wir uns zum Beispiel ein Vorkommnis an. In Hokkaido gründeten sie unter einem anderen Namen eine buddhistische Gruppe, stellten Dinge her wie Gebetsperlen und Töpfe und verkauften sie zu einem hohen Preis; das führte dazu, dass sie als eine Organisation, die spirituellen Betrug begeht, verhört wurden. So nutzt diese Religion verschiedenerlei betrügerische Mittel – falsche Namen, Onomantie und Handlesen, allerlei Ausreden oder einen buddhistischen Ansatz –, und sie halten das für in Ordnung, solange sie gute Ergebnisse erzielen. Darin haben sie unrecht.

Deswegen ist der Gedanke, „Es ist in Ordnung, jemanden zu täuschen", falsch. Diesen Punkt finden einige vielleicht schwer zu verstehen, aber ein gutes Ergebnis ist nichts wert, wenn die Mittel schlecht sind.

Das Gleiche gilt auch für den Kommunismus. Nehmen Sie beispielsweise die Revolution Mao Zedongs. Er mag wie ein Held erscheinen, wenn Sie sich darauf konzentrieren, wie er eine Revolution begann, um das ganze Land zu regieren, und wie er schließlich ein großes Reich aufbaute und China wiederherstellte. Doch das war nichts anderes als eine bewaffnete Revolution. Er sagte: „Die politische Macht erwächst aus dem Lauf eines Gewehrs." Das bedeutet: „Indem man Menschen mit einer Waffe tötet, entsteht eine Revolution und endet mit einem Erfolg." Das bringt die Menschen auf den Gedanken, „Es ist in Ordnung, Menschen umzubringen. Nutzen Sie alle beliebigen Mittel. Solange das Ergebnis und der Zweck richtig sind, ist alles erlaubt." Doch mit dieser Einstellung gibt es viele falsche Vorstellungen. Zig Millionen Menschen sind während seiner Revolution verhungert.

Sie müssen auf jeden Fall den richtigen Zweck haben, aber Sie müssen auch die richtigen Mittel haben sowie das richtige Motiv. Happy Science muss auch das richtige Motiv haben und mit den richtigen Mitteln die richtigen Ergebnisse hervorbringen.

Manchmal werden Krankheiten durch Wunder geheilt, doch das erlebt nicht jeder. Deshalb wäre es sogar falsch, für solche Wunder zu werben, falls es zum Extrem getrieben wird.

Eine bestimmte Religionsgruppe (Seicho-no-Ie) verkaufte sich selbst mit der Aussage, Krankheiten würden nur durch das Lesen ihrer Bücher heilen. Gelegentlich heilen Krankheiten vielleicht, aber bei anderen Gelegenheiten nicht. Es ist eine Gnade, wenn Wunder geschehen, aber Sie sollten diese Beispiele nicht heranziehen, um Menschen in die Irre zu führen.

Das Gleiche lässt sich über das Geldspenden sagen. Das kann vielfältige Bezeichnungen haben, etwa „Beitrag", „Zuwendung" oder „Spende", und Happy Science nennt es „Glückspflanzung". Allein schon der Akt, Geld für Kirchen, Schreine und Tempel zu spenden, ist zum Beispiel eine gute Tat. Anfangs konnte Jesus nicht gut Geld verdienen, und Buddha regte das Geldverdienen auch nicht an. Sie lebten von Spenden und Almosen. Der Akt des Spendens selbst ist ein Segen und eine wertvolle Tat.

Doch falls Sie Spenden durch Fehlverhalten oder für den falschen Zweck sammeln, dann müssen Sie darüber reflektieren. Hier müssen Sie prüfen: Sind Ihre Motive, Mittel, Vorgehensweisen und Zwecke alle stimmig und rechtschaffen? Diesen Punkt müssen Sie überprüfen. Falls viele Mitglieder einer bestimmten Religion irgendwann verrückt werden, müssen Sie erkennen, dass mit dieser Gruppe etwas nicht stimmt.

Das irrige Denken, „ein widriges Schicksal löst sich von allein ab und gute Ergebnisse folgen"

Eine japanische Religionsgruppe behauptet, sie könne Krankheiten heilen. Wann immer eine schlimme Situation eintritt, sagen sie Sätze wie, „Schlechtes ist ein Anzeichen dafür, dass Gutes kommt". Ein Fieber wird wieder sinken, wenn es steigt, und mit derselben Logik sagen sie: „Bald wird es Ihnen besser gehen." Diese Gruppe hatte sich von einer Religionsgruppe Seicho-no-Ie abgespalten. Erst standen sie Happy Science freundlich gegenüber und schickten uns manchmal ihre Zeitschriften. Dann zeichneten wir spirituelle Botschaften von Masaharu Taniguchi auf, dem Begründer von Seicho-no-Ie. In seinen spirituellen Botschaften sagte Masaharu Taniguchi: „Ein früherer Redner von Seicho-no-Ie, der früher in einer bestimmten Gegend Vorträge hielt, wurde unabhängig und gründete seine eigene Gruppe mit dem Namen Byakko Shinko Kai, aber er ist jetzt in der Hölle". Die Gruppe wurde wütend und verwünschte uns: „Verwünschung für Masaharu Taniguchi und Ryuho Okawa. Geht zur Hölle." So wandten sie sich von uns ab.

Viele Religionen haben in ihren Lehren ein Stück weit Ähnlichkeiten. Doch falls sich eine Religion nur auf eine bestimmte Lehre konzentriert und diese falsch interpretiert, kann die Religion in einem Zustand der Hilflosigkeit enden.

Das gleiche Problem entsteht mit der buddhistischen Theorie, die besagt, „Amitabha Buddha stellt die Erlösung schlechter Menschen über die Erlösung guter Menschen". Es stimmt zwar, dass schlechte Menschen erlöst werden können, aber es wäre falsch, zu denken, „Je mehr Böses Sie tun, desto mehr werden Sie erlöst werden".

Seicho-no-Ie lehrt die „Chemisierung des Schicksals", die besagt, „Wenn sich Ihr schlechtes Schicksal auflöst, mag sich die Situation scheinbar eine Zeit lang verschlimmern, aber danach wenden sich die Dinge zum Besseren". Dies ist eine Form von positivem Denken, doch wenn es falsch eingesetzt wird, lässt sich damit alles rechtfertigen. Falls Sie etwa Schwierigkeiten am Arbeitsplatz haben, krank werden oder Beziehungsprobleme haben, können Sie einfach sagen: „Dies ist der Prozess, in dem sich mein schlechtes Schicksal auflöst, bevor alles besser wird. Mein Schicksal macht eine Chemisierung oder Auflösung durch und darum passieren schlimme Dinge. Ab jetzt wird es nur besser." Doch falls Sie die Dinge auf diese Weise allzu sehr vereinfachen, kann diese Vorstellung zu Fehlern führen.

In Wirklichkeit können Sie selbst die- oder derjenige sein, die oder der Ihre Beziehungsprobleme verursacht. Ihre Krankheit könnte eine körperliche Ursache haben, und falls ja, dann müssen Sie die behandeln. Das Scheitern eines Unternehmens ist in den Augen eines Wirtschaftsexperten häufig eine natürliche Folge. Vielleicht haben nur Sie sie nicht kommen sehen. Darum sollten Sie Ihr Unglück nicht Ihrem Schicksal zuschreiben; genauso wenig sollten Sie es einfach verstehen als Ihr „schlechtes Karma löst sich auf".

4 Der Kampf gegen Teufel erfordert auch, weltlichen gesunden Menschenverstand und das Gesetz von Ursache und Wirkung einzusetzen

Ich habe mich damit beschäftigt, andere Religionsgruppen zu kritisieren, darum könnte es da einige Probleme geben. Doch wenn ich über den Kampf gegen Teufel spreche, komme ich nicht darum herum, auf die Teufel aufmerksam zu machen, die in religiösen Organisationen nisten.

Buddhistische Gruppen bilden keine Ausnahme. Ein Beispiel: Es ist zweifellos wichtig, einen Gedenkgottesdienst für die Ahnen abzuhalten, aber es wäre gelogen, etwa zu sagen: „Solange Sie Gedenkgottesdienste für die Ahnen abhalten, wird sich Ihr Schicksal verbessern und Sie werden von Ihrem ganzen schlechten Karma erlöst." Denn Sie, Sie selbst, rufen vielleicht die Ursache Ihres Unglücks hervor.

Manche Menschen schieben alles auf ihre Eltern oder Verwandten und sagen: „Ich bin unglücklich, weil das Geistwesen meines Vaters, meiner Mutter, meines Großvaters oder meiner Großmutter sich verirrt haben und nicht in den Himmel zurückkehren können. Sie sind die eigentliche Ursache meines ganzen Unglücks." In Einzelfällen könnten diese Geistwesen wirklich Ihr Leben beeinflussen. Sie könnten in Ihrem Haus herumspuken und Ihre Familienmitglieder besetzen. In einigen Familien sterben Menschen über Generationen hinweg an der gleichen Ursache – zum Beispiel sterben drei Generationen bei Verkehrsunfällen, bei Bränden oder an Krebs. Manche Religionen nehmen diese Vorkommnisse und sagen etwa: „Das liegt am Karma für Krebs" oder „Das liegt am Karma für Unfalltod". So schreiben sie die ganze Schuld ihren Vorfahren zu.

Es ist wahr, dass verirrte Geistwesen oft kommen und sich auf ihre Nachkommen verlassen, doch über Ihr eigenes Leben müssen Sie selbst reflektieren und korrigieren, was Sie korrigieren können. Nur wenn Sie die Stufe der Erleuchtung erlangen, auf der Sie Licht oder einen Heiligenschein ausstrahlen, können Sie Dharma-Kraft einsetzen, um wirkungsvoll einen Gedenkgottesdienst für Ahnen durchzuführen. Ihr Licht mag klein sein, aber indem Ihre Vorfahren dieses Licht bekommen, werden sie ihre Fehler erkennen.

Es mag auch wichtig sein, sich an diejenigen zu wenden, die sich einer professionellen Disziplin unterziehen und wirklich spirituelle Kraft einsetzen können, und sie zu bitten, die verirrten Geistwesen auszutreiben.

Es gibt in der Tat viele verschiedene Lehren und Methoden. Doch wahr ist, dass diejenigen mit einer schwachen linken Gehirnhälfte oder diejenigen, die ein wenig schwach darin sind, weltliche Urteile zu fällen, dazu neigen, vom rechten Weg abzukommen. Seien Sie sich dessen bitte bewusst. Sie sollten ein gewisses Wissen in Bezug auf den gesunden Menschenverstand in dieser Welt haben, und Sie müssen sich auch mit dem Gesetz der Kausalität oder dem Gesetz von Ursache und Wirkung beschäftigen.

Damit endet dieses Kapitel.

KAPITEL FÜNF

EINE BOTSCHAFT VOM ERLÖSER

Die Erde vor der Krise bewahren

1 Die Erde befindet sich in der größten Krise in der Geschichte

Die COVID-Hysterie unter den Menschen und die Gefahren eines drohenden größeren Krieges

Ich habe über das Gesetz der Hölle gesprochen und in diesem letzten Kapitel möchte ich über das reden, was ich als „Eine Botschaft vom Erlöser" auf dem Herzen habe.

Die Erde befindet sich derzeit in einer großen Krise, und die ist so ernst wie nie zuvor. Als ich diese Erlösungsbewegung ins Leben rief, lag die Weltbevölkerung bei ungefähr fünf Milliarden, doch jetzt ist sie schon bei rund acht Milliarden. Das heißt, die Bevölkerung auf der Erde ist um drei Milliarden gestiegen.

Doch meine Lehren haben sich noch nicht genügend verbreitet. Sie haben noch nicht einmal die drei Milliarden Menschen erreicht. Unsere Erlösungsbewegung schwankt weiter hin und her, doch wenn ich den aktuellen Trend in den 2020ern anschaue, muss ich sagen, dass die Krise, vor der die Menschheit steht, ernster wird.

Eine Krise ist die sich über die ganze Menschheit verbreitende Angst aufgrund des Coronavirus, das die Erde durchdringt. Derzeit wurden etwa 700 Millionen Menschen vom Virus infiziert, und es wird erwartet, dass sich eine Unmenge neuer Varianten ausbreitet. Diese Viren werden erhebliche Bedrohungen für die Menschheit insgesamt sein.

Manche Menschen glauben immer noch nicht, dass diese Pandemie von einem bestimmten Land ausgelöst wurde. Selbst wenn wir annehmen, dass das Virus natürlich aufgetreten ist, liegt das daran, dass das Bewusstsein der Erde nicht zufrieden damit ist, wie die acht Milliarden Menschen auf der Erdoberfläche leben.

Eine weitere Krise ist, dass die Ära des Friedens, die rund 80 Jahre seit dem Ende des Zweiten Weltkriegs anhält, zu Ende geht.

In diesen 80 Jahren gab es kleinere Kriege, aber keiner davon führt zu einem Großkrieg, der die gesamte Welt tief beunruhigte. Doch der unmittelbar bevorstehende wäre fatal, falls wir nicht die Weisheit der Menschheit zusammentragen, um ihn zu überwinden.

Im Allgemeinen gibt es immer einen Krieg, wenn die Bevölkerung auf der Erde wächst. Wie die Geschichte zeigt, werden in solchen Zeiten Nahrung, Energie oder Ressourcen der Grund dafür, dass ein Krieg stattfindet. Sogar wegen Wasserressourcen kommt es beispielsweise zu Kriegen. Abgesehen vom Wasser können Konflikte entstehen wegen Getreide, Öl, Kohle, Erdgas, Atomkraft und so weiter.

Obwohl ein Bevölkerungswachstum einige positive Auswirkungen haben mag, kann es zwischen Ländern auch zu einem erbitterten Kampf um diese Stoffe kommen. Als Folge wird dies Länder unweigerlich veranlassen, dafür zu kämpfen, weitere Verbündete zu gewinnen und ihre Gegner auszuschalten. In dieser Hinsicht muss die Menschheit ab jetzt aus der Geschichte lernen und die gelernten Lektionen nutzen. Das ist wahrscheinlich der einzige Weg, dieses Problem anzugehen.

Was würde passieren, wenn das Gesetz „Gott" wird und die Kontrolle übernimmt

Eine weitere Krise besteht darin, dass die Länder auf der Erde heute in verschiedene Gruppen aufgespalten sind. Was sie trennt, sind ihre Ideologien, Gedanken oder Überzeugungen. Nach Aussage der Vereinigten Staaten ist das allgemeine Verständnis, dass dies ein Kampf zwischen Demokratie und Autokratie ist. Doch diese Vorstellung, die besagt, „die derzeitige Demokratie ist gerecht und Autokratie ist böse", stimmt nicht ganz. Denn Probleme gibt es auf beiden Seiten.

Atheismus und Materialismus verbreiten sich auch in demokratischen Ländern stetig. Mit anderen Worten, diese Länder vertreten einen in Richtung Wissenschaftlichkeit orientierten Materialismus, deshalb ist ihre gemeinsame Grundlage die gleiche wie die nicht-demokratischer Länder.

Demokratie ist in Ordnung unter der Voraussetzung, dass die Menschen an Gott glauben und proaktiv Entscheidungen treffen gestützt auf ihr gutes Gewissen als Kinder Gottes. Das Gleiche gilt für rechtskonforme Länder, die sich mit einer demokratischen Denkweise entwickelt haben: Gottes Lehre muss ihren Grundfesten zugrunde liegen als den Ländern, „die sich an die Gesetze halten". Doch mittlerweile haben die Menschen ihren Glauben verloren und hören nicht auf Gottes Lehren, deshalb werden die Gesetze nur durch Diskussionen und die Wahlstimmen der Menschen gemacht. Darum „werden" die Gesetze „Gott" und kontrollieren die Welt.

Außerdem bin ich zutiefst beunruhigt, dass immer mehr Länder ein Überwachungssystem mittels künstlicher Intelligenz (KI) und anderen Mitteln als Hauptinstrument einsetzen, um ihre Rechtsstaatlichkeit aufrechtzuerhalten.

Natürlich habe ich nichts dagegen, Maschinen und andere Technologie zu nutzen, um unser Leben und die Gesellschaft angenehm zu machen. In erster Linie muss die Entwicklung von Maschinen ein Mittel zum Zweck sein. Mittlerweile ist es stattdessen zum Ziel und Zweck geworden. Betrüblicherweise sind Maschinen Instrumente geworden, um Menschen zu kontrollieren.

Zunehmend kontrollieren Maschinen Menschen, während die Bevölkerung wächst. Heute ist eine Zeit, in der die Menschen von den Gesetzen regiert werden, die sie selbst gemacht haben, und sie werden von KI und anderen Geräten überwacht. Das heißt, in gewisser Hinsicht werden Menschen lebendes Inventar.

Es gibt noch ein weiteres Problem. Jedes Land ist, basierend auf der Rechtsstaatlichkeit, souverän, seine eigenen Gesetze zu erlassen, und das teilt die Welt tendenziell in Freund und Feind auf. Wenn Länder in Freund und Feind aufgeteilt sind, können die Werte von Gut und Böse, die die Rechtsstaatlichkeit auf beiden Seiten aufrechterhält, miteinander im Widerspruch stehen. Sofern also ein Land versucht, die Gerechtigkeit des eigenen Landes auf die übrige Welt anzuwenden, können andere Länder diesen Akt als ungerecht ansehen. Solche Probleme sind immer wieder aufgetreten. Wenn jedes Land das eigene Rechtssystem erschafft, neigt es dazu, an das eigene Land zu denken, darum stimmen die Gesetze nicht immer mit denen anderer Länder überein.

Dies ist eine große Krise. Die Defizite im heutigen Politik- oder Verwaltungssystem, das im 16. oder 17. Jahrhundert seinen Anfang nahm, treten immer deutlicher zutage.

In Wirklichkeit gibt es Länder, die ihr innerstaatliches Rechtssystem weltweit zu verbreiten versuchen und militärische und wirtschaftliche Auseinandersetzungen auslösen. Zwar ist es die souveräne Angelegenheit eines Landes, die Steuersätze festzusetzen, doch wenn es darum geht, über die Steuersätze zwischen Ländern zu entscheiden, sollte es Verhandlungen und Gespräche geben. Falls jedoch ein Land eine allzu autokratische Denkweise hat, wird es für Länder schwierig sein, zu kooperieren und Gespräche zu führen.

Somit wird mit dem Bevölkerungswachstum auch die Zahl der Konflikte zwischen Ländern steigen. Um diese Konflikte zu lösen, wird jedes Land seine militärische Stärke ausbauen. Außerdem wird es einen Wettbewerb geben, die Wirtschaftskraft zu steigern.

Meist wird ein Land, das seine militärische und wirtschaftliche Macht ausgebaut hat, aggressive Denkweisen hegen und anfangen, schwächere und kleinere Nachbarländer einzunehmen. Damit nicht genug, das Land wird anfangen, eine Allianz oder eine Verbindung mit anderen Ländern aufzubauen, die ähnliche Ansichten hochhalten, und versuchen, einen Zusammenstoß zwischen Gruppen noch größerer Länder auszulösen. Diese Fälle hat es in der Vergangenheit gegeben, wenngleich nicht genau so, wie es derzeit geschieht.

Das beunruhigendste Problem heute ist, dass es auf der Erde wirklich Atomwaffen gibt; die ständigen Mitglieder des Sicherheitsrats der Vereinten Nationen und einige andere Länder besitzen sie. Auch besteht eine Möglichkeit, dass mehr Länder in den Besitz dieser Waffen kommen werden.

Das Problem an Atomwaffen ist, dass sie die Rechtsstaatlichkeit und Demokratie ausschalten und das Machtverhältnis zwischen Ländern verändern können. Falls beispielsweise ein Land mit nur 20 Millionen Menschen mit Atomwaffen ausgestattet ist, mit denen es andere Länder angreifen kann, könnte es einseitig die Oberhand gewinnen über andere atomwaffenfreie Länder mit einer Bevölkerung von 100 Millionen, 300 Millionen oder sogar einer Milliarde Menschen. Die Atomwaffe an sich ist eine weitere Macht, die das Demokratiesystem oder die Rechtsstaatlichkeit nichtig macht. Die Menschheit wird derzeit geprüft, um festzustellen, ob ihre Weisheit dieses Problem lösen kann.

Außerdem funktionieren aufgrund des Bevölkerungswachstums sogar die heutigen Politiksysteme, die in den entwickelten Ländern allgemein übernommen wurden – Demokratie, Rechtsstaatlichkeit und das parlamentarische Regierungssystem – nicht mehr und sind auf die Massenmedien angewiesen; sie haben keine andere Wahl, als sich auf sie zu verlassen, um an Informationen zu kommen und Entscheidungen zu treffen. Doch wie bewerten die Massenmedien, was richtig ist? Was versuchen sie zu verbreiten und was versuchen sie zu verhindern? Ihr Richtmaß für Richtig und Falsch beruht nur auf der Denkweise des Unternehmens, und dieses Richtmaß wird die Kraft, um Konflikte zwischen Ländern zu schüren.

Heutzutage erreicht die Stimme Gottes und Buddhas die Massenmedien nicht. In ein solches Zeitalter sind wir eingetreten.

2 Wir dürfen nicht erlauben, dass die Erde ein Planet der Teufel wird

Diese Welt darf als Schule für Seelentraining existieren

Was sollten wir in dieser heutigen Welt voller Probleme tun? Wie sollten wir vorgehen und welches Ergebnis sollten wir erzielen? Wir haben verschiedene Optionen, aber um die Schlussfolgerung vorwegzunehmen, möglicherweise werden wir mit harten Folgen konfrontiert werden, unabhängig davon, für welche Option wir uns entscheiden.

Grundsätzlich ist es schwierig, acht Milliarden Menschen zu vermitteln, was richtig ist, die es versäumen, die absolute Grundvoraussetzung zu beachten: Diese Welt ist lediglich eine Schule, die es Seelen ermöglicht, wiedergeboren zu werden und sich einem Seelentraining zu unterziehen, und sie ist an sich nicht vollkommen.

In der heutigen Gesellschaft versuchen die Menschen jedoch nur innerhalb der Grenzen dieser irdischen Welt, ihr Glück oder Unglück zu entscheiden oder zu bestimmen, welches Land glücklich oder unglücklich ist. Bei diesem Trend vergessen die Menschen zu erwägen, was Gerechtigkeit ist vom Blickwinkel der Welt jenseits von dieser – nämlich vom Blickwinkel der himmlischen Welt – oder des Höchsten Wesens, das Gott oder Buddha genannt wird. Die Vorstellung, dass sich Gottes Gerechtigkeit in dieser Welt widerspiegeln muss, fehlt in der heutigen Gesellschaft.

Darum meinen die Menschen, Gerechtigkeit ist das Gesetz, das das Parlament innerhalb eines Landes erlässt, und Gerechtigkeit sind die Verträge, das internationale Recht und die Abkommen, die durch Verhandlungen zwischen Ländern zustande kommen. Dies bedeutet dann letztendlich, dass internationale Gerechtigkeit durch militärische

Macht abgesichert ist; und das macht ein Land mit geringer militärischer Macht automatisch unfähig, sich gegen ein Land mit starker militärischer Macht zu wehren.

Unter Berücksichtigung dieser Gesichtspunkte werden wir nicht gegen eine militärische Macht, die uns zu unterdrücken versucht, gewinnen können, selbst wenn wir den Frieden zum Beispiel durch Redefreiheit oder frei Meinungsäußerung fördern.

Wenn wir die Hierarchie der himmlischen Welt betrachten, ist es nur natürlich, auch in autokratischem Stil nach oben weniger Menschen zu haben. Doch wenn ein Mensch auf der Erde versucht, den Platz Gottes einzunehmen und über die Menschheit zu herrschen, dann neigt er dazu, Vorstellungen zu übernehmen, die seinen eigenen Nutzen zulasten anderer priorisieren.

Außerdem werden immer mehr Leute anfangen zu denken, „Die Starken gewinnen und die Schwachen verlieren. Das System, der Stärkere gewinnt, regiert diese Welt". In der Welt der Natur ist das selbstverständlich. Doch Sie müssen gründlich darüber nachdenken, ob es für Menschen richtig ist, diese Vorstellung in dieser Welt zu haben, die ein Trainingsgelände für Seelen ist.

Die Gefahr, dass das System der Wiedergeburt enden könnte

Am meisten Sorgen bereitet mir Folgendes: Die Bevölkerung dieser Welt ist auf acht Milliarden Menschen angewachsen, und alle diese Menschen werden diese Welt früher oder später verlassen. Doch die Mehrzahl von ihnen wird gehen, ohne überhaupt von Himmel und Hölle zu wissen. Sollte das gestattet sein?

Sie müssen auch wissen, dass die Geräte und Apparate, von denen die Menschen in dieser irdischen Welt abhängig sind, in der Spirituellen Welt prinzipiell nicht existieren. Alles, was es dort gibt, ist Ihr spirituelles Denken und Handeln. Mit anderen Worten, Ihr Gedanke ist Ihr Handeln.

Sobald Sie die andere Welt betreten, wird Ihr auf Technologie basierendes Leben oder dieser Lebensstil oder die Art und Weise, wie die Welt auf der Erde rund um Maschinen funktioniert, das wird alles weg sein. Vielen Menschen wurde nicht vermittelt, wozu eine Seele in einer Welt ohne Maschinen allein fähig ist, und diese Menschen kommen nun in die Welt der Dunkelheit.

In gewissem Sinn erreichen wir fast eine Grenze. Falls mehr als die Hälfte aller Menschenseelen in der Hölle enden, können sich die Werte von Gut und Böse auf der Erde umkehren, genau wie die Mehrheitsregel in der demokratischen Denkweise funktioniert.

Was würde daraus resultieren? Die Folge wäre außerordentlich hart. Es bedeutet, dass die Zahl der Menschen, die auf die Stimme der Teufel hören, die Zahl derer übersteigen würde, die auf die Stimme Gottes hören.

Diese Welt der Phänomene der dritten Dimension ist der Hölle viel näher als dem Himmel. Denn ursprünglich entstand die Hölle, als sich Seelen vom Himmel zu stark an die physischen Schwingungen der irdischen Welt gewöhnten und nur auf irdische Art in der anderen Welt leben konnten.

Die Zahl dieser Seelen steigt rapide, das sollte nicht übersehen werden. In der Geschichte wurden zahlreiche Erlöser auf die Erde herabgesandt, um die Hölle aufzulösen, Erlöser mitsamt zahlreichen Erzengeln, Engeln, Tathagatas und Bodhisattwas, die sie unterstützen. Doch sie werden unter der Redefreiheit und der Gedankenfreiheit begraben und bleiben unbeachtet. Insofern können die Menschen mittlerweile nicht mehr sagen, was richtig und was falsch ist.

Schlimmer noch, heutzutage ziehen immer mehr Menschen die falschen Werte vor. Diejenigen, die falsche Ideologien vermitteln, erhalten weltlichen Status und Ruhm, während diejenigen, die die richtigen Dinge vermitteln, keine weltliche Anerkennung erhalten. So etwas ist schon häufig vorgekommen.

Darum wird ein Punkt kommen, an dem die Menschheit bereuen muss. Die Menschheit macht bereits Zeiten der Mühsal durch, und das wird noch einige Zeit weitergehen.

Mit „einige Zeit" meine ich keine unbegrenzte Zeit; ich sehe vorher, dass die allgemeine Richtung der Menschheit innerhalb dieser 20 bis 30 Jahre entschieden wird.

Falls diese Welt von Werten regiert wird, die denen des Himmels oder Gott oder Buddha entgegenstehen, und sie direkt mit der Hölle verbunden ist, wird die Zeit kommen, wenn das Bewusstsein der Erde und der Wille Gottes und Buddhas das Seelentraining auf der Erde anhalten müssen.

Anders ausgedrückt, das System der Wiedergeburt auf der Erde könnte für eine gewisse Zeit anhalten, um die Erde zu reinigen.

Wie hält es an? Es hält durch allerlei Vorkommnisse an, die Sie sich vorstellen können. Vieles wird dauernd geschehen und den Menschen das Leben sehr schwermachen.

Ich bin mir sicher, die Menschen auf der Erde erkennen dies langsam. Pandemien, Krieg, Nahrungsmangel, abnorm heißes oder kaltes Wetter, Wirbelstürme, Fluten und viele andere unbekannte Phänomene könnten die Menschheit plötzlich treffen.

Es stimmt, dass das Walten der Hölle diese Welt der Phänomene beeinflusst, doch eines muss ich Ihnen jetzt sagen: Die Hölle selbst wird von Wesen von außerhalb der Erde durchdrungen. Bedauerlicherweise übersteigt dieses Thema das menschliche Verständnis bei Weitem.

Die Menschen wissen nach wie vor nicht einmal, ob außerirdische Wesen existieren oder nicht. Vom Blickwinkel des gesamten Universums und humanoider Raummenschen aus ist die Erde noch auf einer extrem niedrigen Stufe, den Weltraum zu erkennen oder zu verstehen. Es gibt Einflüsse und ein Eingreifen aus dem Weltraum. Doch ich muss sagen, die Erdlinge sind unglaublich unwissend und schutzlos gegenüber dieser Tatsache.

Ich meine, einige außerirdische Wesen üben derzeit tatsächlich ihre Einflussmacht auf Führungspersönlichkeiten auf der Erde aus. Natürlich üben einige von ihnen positiven Einfluss aus; aber andere beeinflussen negativ, und diese Kraft weitet sich aus. Es ist nicht nur die Macht der auf der Erde geborenen Teufel in der Hölle, die die Menschen beeinflusst, sondern auch die dunkle Macht des Universums.

Darum ist das nächste Problem folgendes: Wie sollten wir diese dunkle Macht verhindern? In manchen Ländern sind die Führungspersönlichkeiten und die Menschen Medien der dunklen Macht des Universums geworden. Mit anderen Worten, solche außerirdischen Wesen des Dunkels sind als „Walk-ins" in sie eingetreten und benutzen sie, um ihre Ideale auf der Erde zu verwirklichen.

Eine Methode, dies zu verhindern, besteht darin, diese Länder in eine kritische Situation zu bringen und ihre Regime stürzen zu lassen. Das könnte eine Option sein, aber das allein wird das Problem nicht lösen. Selbst wenn solche Regime in der Welt stürzen sollten, werden die Menschen dieser Regime ihr Tun nach dem Tod nur in die Welt der Hölle verlagern. Dies wird die Kräfte der Hölle stärken, was zu einem Machtkampf der Hölle gegen den Himmel führt. Falls die Kräfte der Hölle zu stark anwachsen, werden Himmel und Hölle ihr Machtgleichgewicht verlieren.

Nehmen Sie zum Beispiel das Wort *Vergebung*. Manche Leute meinen vielleicht, es bedeutet, Sie müssen jedem vergeben, gleichgültig, was an Bösem, Verbrechen oder welche Handlung er begangen hat oder gleichgültig, was für negative Gedanken er hat. Doch nach dieser Vorstellung kann jeder böse Mensch in den Himmel kommen, nicht in die Hölle, und folglich wird sich der Himmel selbst in die Hölle verwandeln.

Stellen Sie sich nur vor, wie es wäre, wenn Polizisten und Straßenbanden vermischt würden oder wenn sie die Rollen tauschen würden. In der Geschichte geschah das gelegentlich in einem von Diktatoren beherrschten Land. Das wird zu einer Gesellschaft führen, die sich wenig um das Glück der Menschen kümmert. Falls die Erde an diesen Punkt kommt, wird das ganze System der Wiedergeburt höchstwahrscheinlich zusammenbrechen.

Wenn dies geschieht, werden Seelen, die leiden, bestraft werden oder eine Behandlung in der Hölle erhalten sollen, solche Prozesse nicht mehr durchlaufen. Stattdessen werden diese Seelen nach ihrem Tod auf der Erde bleiben, herumlaufen und den physischen Körper lebender Menschen besetzen und manipulieren. In diesem Fall wird das System der Wiedergeburt zusammenbrechen, und einige Seelen werden Schmarotzer werden, die für immer physische Körper bewohnen. Sobald der physische Körper einer Person, an der sie anhaften, stirbt, gehen sie weiter zur nächsten Person. Dann werden sich die Seelen der besetzten Körper auch in bösartige Geistwesen verwandeln und anfangen, den Körper anderer Menschen zu besetzen.

Auf dieser Stufe wird es außerordentlich schwierig werden, von der himmlischen Welt auf der Erde wiedergeboren zu werden.

Der „Weltkaiser" könnte auftauchen und die Ethnien und Länder auslöschen, die an Gott oder Buddha glauben

Der ideale Weg ist, die Wahrheit Buddhas, die wir derzeit lehren, der ganzen Welt zu verbreiten und alle auf der Welt dazu zu bringen, sie zu verstehen und sie zu ihren Lebensleitlinien zu machen. Doch was die Bevölkerung betrifft, wird das nicht so leicht zu schaffen sein.

Ab jetzt wird die himmlische Welt zahlreiche Warnungen herunterschicken, aber ich habe die Sorge, dass die meisten Menschen sie nicht einmal dann bemerken. Wahrscheinlich werden sie sie als reine Zufälle oder Naturphänomene abtun.

Außerdem fürchte ich, immer mehr Menschen werden denken, „Die Polizei und das Militär haben wirkliche Macht in dieser Welt. Darum sind diejenigen die Mächtigsten, die das Kommando über die Polizei oder das Militär übernehmen können; sie sind die lebenden Götter der heutigen Welt".

Aber Gott ist nicht nur freundlich; Gott hat auch strenge Aspekte an sich. Gott wird diejenigen, die sich irren, entsprechend den Preis zahlen lassen.

Zum Beispiel wurden in der Vergangenheit zwei Atombomben auf Japan abgeworfen, doch nur die Japaner und eine kleine Gruppe mitfühlender Menschen erinnern sich daran. Weil andere Länder nicht darunter gelitten haben, könnte es zu einem Abwurf einer Atom- oder Wasserstoffbombe auf ein weiteres Land kommen, bevor die Reduzierung der Atomwaffen umgesetzt wird. Anscheinend können die Menschen den Schmerz anderer leider nicht verstehen, obwohl sie ihren eigenen empfinden können. Darum denke ich, das kann bald geschehen.

Wenn es ein Land gibt, das Atomwaffen hat, und ein Land, das keine hat, dann kann das erste dem zweiten im Grunde sagen: „Wenn ihr uns nicht gehorcht, werden wir Atomangriffe starten und euch auslöschen." Falls dies geschieht, hat das Land ohne Atomwaffen nur zwei Optionen: entweder vollkommene Sklaven zu werden oder unterzugehen.

Selbst in der Vergangenheit, als es noch keine Atomwaffen gab, wurden Asien und Südamerika von den großen Mächten des Westens beherrscht. Wie damals könnten einige Länder mit einer Situation konfrontiert sein, in der sie sich entscheiden müssen, ob sie eine Kolonie werden oder ausgelöscht werden.

Da wir jetzt in das Weltraumzeitalter eingetreten sind, könnte es in naher Zukunft auch Angriffe aus dem Weltraum geben, die die Bedingungen, die den Menschen das Leben auf der Erde ermöglichen, ernstlich gefährden könnten.

Darum müssen Sie anfangen, indem Sie die Fakten kennen und die derzeitige Situation verstehen. Wir dürfen nicht zulassen, dass dieser Planet ein Planet der Teufel wird.

Mit „Planet der Teufel" meine ich, dass die Erde vom Bösen regiert wird.

Dazu ein Beispiel: Falls ein Gangsterboss Polizeichef, Bürgermeister einer kleinen oder großen Stadt, Gouverneur einer Präfektur oder Premierminister wäre, dann würden die in seiner Amtszeit lebenden Menschen ungeheures Leid durchmachen. Noch schlimmer, falls er kein Gangsterboss, sondern ein Psychopath wäre, dann wäre die Situation noch viel grausamer.

Tatsächlich haben Führungspersönlichkeiten in der Vergangenheit zu vielen Zeiten Menschen, die sich ihnen widersetzten, die jegliches Anzeichen einer Rebellion zeigten oder die eine Ideologie gegen das Regime vertraten, völlig unterdrückt oder massakriert. Das passierte immer wieder. Doch durch die Einschränkungen der Epoche waren solche Vorkommnisse meist auf die einzelne Region begrenzt. Aber stellen Sie sich nur vor, wie es wäre, wenn etwas Ähnliches wie die Judenverfolgung durch die Nazis global stattfinden sollte. Das wäre wirklich entsetzlich.

Falls ein sogenannter Weltkaiser auftauchen sollte und sagen würde: „Ab jetzt wird jeder Mensch, jede Ethnie oder jedes Land mit Glauben an Gott und Buddha vernichtet werden", dann hätten die Menschen keinen Glauben mehr.

Somit sind wir mittlerweile in ein Zeitalter eingetreten, in dem Menschen von Waffen kontrolliert werden, die sie selbst hergestellt haben. Es ist auch ein Zeitalter, in dem von Menschen erschaffene Computersysteme Menschen überwachen, als wären sie Ameisen, die beobachtet und einzeln kontrolliert werden.

3 Beginnen Sie den spirituellen Kampf, um die menschliche Natur wiederzufinden

Den El-Cantare-Glauben in dieser heutigen Zeit überall auf der Welt etablieren

Hier ist also meine Botschaft: Finden Sie zuerst die menschliche Natur wieder. Wichtig ist, dass Sie die wahre Mission wiederfinden, die Sie als Mensch selbstverständlich haben sollten.

Es ist Teil des menschlichen Instinkts, Glauben zu haben. Menschen unterscheiden sich von winzigen Geschöpfen wie Ameisen; Menschen sind genau deshalb Menschen, weil sie den Instinkt haben, zu glauben, dass Gott und Buddha existieren. Dies ist die Voraussetzung menschlicher Seelen.

Es kommt aus der Wahrheit, dass Menschen ursprünglich von einem größeren Licht abgetrennt wurden; die Seelen der in dieser Welt lebenden Menschen sind Fragmente größerer Seelen, und diese größeren Seelen sind Fragmente noch größerer Seelen und so weiter. Das Licht, das Menschen innewohnt, ist ursprünglich ein Lichtteil der Seele von Gott und Buddha. Darum dürfen Menschen sich selbst nicht als bloßen „Staub" abwerten. Dies ist ihre natürliche Pflicht.

Darum müssen wir jetzt unseren spirituellen Kampf beginnen.

Insbesondere Menschen in Ländern, die kurz vor einem Krieg stehen, glauben vielleicht, sie folgen nur ihren Anführern, doch sie müssen wissen, dass ihre Anführer tatsächlich nach und nach von den „Boten der Dunkelheit" manipuliert werden, die aus dem Weltraum kommen. Diese Wesen gehen unterschiedlich vor; sie könnten Führungspersönlichkeiten spirituell besetzen oder Inspiration schicken oder sie könnten als „Walk-ins" in den physischen Körper der Führungspersönlichkeiten eintreten, während ihr eigentlicher Körper in einem Raumschiff bleibt. Immer mehr Menschen kommen nun auf diesen Wegen unter die Kontrolle der Dunkelheit.

Der Tag des Endkampfes dafür rückt näher; bedauerlicherweise sind die Kräfte des Lichts noch sehr schwach. Es erfüllt mich mit Traurigkeit, zu sehen, dass die Kräfte des Bösen sich wie ein unterirdischer Stamm so rasch unter unseren Füßen ausbreiten.

Von Nietzsches Buch, in dem er schrieb, „Gott ist tot", wurden in erster Auflage nur 40 bis 100 Exemplare verkauft; Nietzsche selbst bezahlte für die Veröffentlichung. Doch bald darauf wurden die Massenmedien und das Bildungswesen als Mittel eingesetzt, um seine Ideologie zu verbreiten, und die hat sich seitdem in verschiedenen Formen auf der ganzen Welt ausgebreitet. Sofern Philosophie und Wissenschaft basierend auf der Voraussetzung, „Gott ist tot", entwickelt werden, werden alle anderen akademischen Strukturen ihrem Beispiel folgen.

Falls die irdische Welt so wird und einen Punkt erreicht, an dem wir die Situation durch ideologische Kriegführung nicht mehr wenden können, besteht die Möglichkeit, dass die Menschheit ausgelöscht wird. Das passierte den alten Kontinenten Atlantis, Mu und Lemuria (Ramudia). Letztlich könnte es so weit kommen. Das passierte vor nur etwa 10.000 Jahren, und es kann auch jetzt stattfinden.

Der Tag wird unerwartet kommen. Er wird plötzlich kommen, ohne der Menschheit Zeit zu geben, sich darauf vorzubereiten. Deshalb sage ich Ihnen: Bitte machen Sie mit ganzer Kraft in der Ihnen gegebenen Zeit so viel Sie können.

Was sollten Sie jetzt meinem Wunsch nach tun? Lassen Sie mich es deutlich sagen:

Bitte etablieren Sie den El-Cantare-Glauben fest in dieser heutigen Zeit. Stellen Sie sicher, dass der El-Cantare-Glaube nicht nur in Japan, sondern auf der ganzen Welt etabliert wird.

Das heißt, zu glauben, dass das Wesen, das jetzt „El Cantare" genannt wird, Alpha war – der Schöpfer der Erde – und Elohim – der Eine, der Gerechtigkeit in dieser Welt herstellte, und dass Er nun versucht, gegen die endgültige Krise der Erde zu kämpfen. Bitte etablieren Sie diesen Glauben.

Erforschen Sie die Rechte Gesinnung und praktizieren Sie den modernen Vierfachen Pfad

Mit diesem Glauben zu leben, ist, einfach ausgedrückt, die *Erforschung der Rechten Gesinnung*. Ich habe sie nun zum *modernen Vierfachen Pfad* zusammengefasst, der Liebe, Weisheit, Selbstreflexion und Fortschritt umfasst.

Liebe – Vollziehen Sie einen Paradigmenwechsel von „nehmender Liebe" zu „gebender Liebe"

Als Erstes kommt die Lehre der *Liebe*. Die meisten Menschen missverstehen Liebe. Immer mehr Menschen glauben einfach, dass Liebe etwas ist, was man nimmt oder was von anderen gegeben wird. Diese Vorstellung ist auch in kommunistischen Ländern weit verbreitet – häufig im wirtschaftlichen Sinn. Sie glauben, „Die Habenichtse haben das Recht, die Habenden auszubeuten, indem sie von ihnen nehmen".

Doch diese Denkweise ist falsch. Die Menschen werden zu dem Zweck in diese Welt geboren, dass sie sich selbst spirituell entwickeln, indem sie sich anstrengen und etwas Wertvolles leisten. Darum ist es nicht gut, etwas zu nehmen, was andere Menschen durch harte Arbeit verdient haben, wenn Sie selbst nichts gemacht haben, oder ein System aufzubauen, das Ihnen dies ermöglicht. Der Aufbau eines derartigen Systems kann auch zum Verderben von Menschen führen.

Ein weiteres Beispiel für das Missverständnis von Liebe ist die in liberalen Gesellschaften zu findende Politik des sozialen Wohlfahrtsstaates. Ich werde nicht so weit gehen und abstreiten, dass sie ein nützliches von der Menschheit erfundenes System ist, doch teilweise wird sie lediglich als Erneuerung des Kommunismus benutzt, um die Unzufriedenheit und die Klagen der Leute aufzulösen. So kann sie dazu führen, dass ein Land bankrottgeht und von selbst zusammenbricht, ohne dass Gott oder Buddha ihre Macht einsetzen müssten.

Auch in Japan gibt die Regierung weiterhin doppelt so viel aus, wie die Bürger Steuern zahlen. Das ist ein Hinweis darauf, dass das Land irgendwann bankrottgehen wird. Das Gleiche lässt sich über die Vereinigten Staaten und die meisten EU-Länder sagen; einige arme Länder in Asien und Afrika haben bereits einen Bankrott hinter sich.

Hier ist die Lösung für dieses Problem: Sie brauchen eine „Es-ist-genug"-Denkweise und müssen sich überlegen, wie Sie im Rahmen Ihres Einkommens leben können.

Wichtig ist, einen Paradigmenwechsel in Bezug auf die Liebe zu vollziehen: Weg von *nehmender Liebe* hin zu *gebender Liebe*. Liebe zu geben, ist die Kraft Gottes oder Buddhas, die es der Menschheit ermöglicht, zu leben. Die Menschen müssen auch eine Aufgabe übernehmen und eine Art von Liebe praktizieren, die unterschiedslos Licht ausstrahlt, genau wie die Sonne.

Weisheit – Studieren Sie Buddhas Wahrheit, um Ihre Seele zu entwickeln

Was ist dann *Weisheit* im Vierfachen Pfad von Liebe, Weisheit, Selbstreflexion und Fortschritt? Sie bedeutet Buddhas Wahrheit. Selbst wenn Sie Wissen in dieser Welt erlangen, wird sich Ihre Seele nicht entwickeln, wenn dieses Wissen nicht durch die wahre Sichtweise der Welt, die spirituelle Wahrheit oder die Lehren Gottes oder Buddhas gestützt wird.

Ich muss sagen, es ist vollkommen falsch, Folgendes zu denken: „Gott ist tot", „Es geht nur um Materialismus" oder „Annehmlichkeit in dieser Welt ist das Beste. Genau das ist Glück". Falls die Menschheit nicht einmal weiß, wo sie herkommt und wohin sie geht, ist sie genau wie Leute, die an einem Bahnsteig stehen, ohne zu wissen, warum sie da sind. In Wirklichkeit warten Sie auf den nächsten Zug, um irgendwo hinzufahren. Nicht zu wissen, woher Sie kamen und wohin Sie gehen, heißt, Sie haben vergessen, wer Sie sind.

Selbstreflexion – Blicken Sie zurück auf Ihre Gedanken, Ihr Handeln und Ihre begangenen Sünden und reinigen Sie Ihren Geist

Das Nächste ist *Selbstreflexion*.

Manchmal kommen menschliche Seelen in die Hölle. Wenn Sie Ihr Leben auf eine Art gelebt haben, die gegen Buddhas Wahrheit verstößt, kommen Sie in die Hölle.

Dann dürfen Sie jedoch nicht sinnlos rebellisch werden und sich der Kraft anschließen, die sich Gott widersetzt. Sie selbst müssen über Ihre Gedanken, Ihr Handeln und Ihre begangenen Sünden reflektieren und bereuen. Durch Selbstreflexion können Sie Ihren Geist reinigen und in die himmlische Welt zurückkehren. Diese Fähigkeit ist Ihnen gegeben.

Nehmen Sie deshalb diese Kraft bitte wieder an und bauen Sie Ihr Lernen in Ihrem Leben auf dieser Grundlage auf.

Fortschritt – Erschaffen Sie Utopia, wohin diejenigen, die Tugend erworben haben, viele Menschen führen können

Der letzte Punkt ist *Fortschritt*; er beinhaltet „Utopia erschaffen".

Utopia zu erschaffen, wird in verschiedenen Ideologien erwähnt, aber Sie müssen Utopie streng von Dystopie unterscheiden können. Glauben Sie nicht, dass die Welt, die der in George Orwells *1984* oder *Farm der Tiere* dargestellten ähnelt, Utopia ist. Sie müssen danach streben, ein Land und eine Gesellschaft zu erschaffen, in das bzw. die diejenigen, die durch spirituelles Training auf der Erde Tugend erworben haben, viele Menschen führen können.

Selbstverständlich ist es unverzeihlich für jede Führungspersönlichkeit, Macht aufzubauen durch geschicktes Lügen oder den Einsatz von Geld, Status oder Ruhm, um Menschen aufzuwiegeln. Es kommt für niemanden infrage, die Gesellschaft nach eigenem Belieben durch das Anzetteln einer Verschwörung zu kontrollieren. Wichtiger noch ist, dass wir Menschen niemals gestatten sollten, die Öffentlichkeit mithilfe der Massenmedien in die Irre zu führen, falsche Informationen zu glauben und alle ins Meer zu treiben – so etwas sollte nie passieren.

Eine wahrhaft utopische Gesellschaft muss eine sein, die mit der himmlischen Welt harmonieren kann.

Ich sehe sehr betrübt, wie übermäßiger Zweifel und übermäßiges Misstrauen in den Massenmedien in den Vordergrund treten, während diese an Macht gewinnen.

Ein weiteres Problem ist: Wie viel Wissen Sie in dieser Welt erlangt haben, ist mittlerweile etwas, was in der heutigen demokratischen Gesellschaft Ihren Status repräsentiert. Die Menge an erworbenem Wissen ist an die Stelle des Klassensystems getreten. Das ist heutzutage ein Trend. Doch „sachkundig zu werden", bedeutet nicht zwangsläufig, „weise zu werden".

Suchen Sie aus dem, was Sie gelernt haben, das wirkliche Wissen mit diamantengleicher Brillanz heraus, wenden Sie es bei dem an, was Sie als „Lebenstraining" erleben, und verwandeln Sie es in Weisheit. Das ist entscheidend.

Heutzutage sind die Dinge jedoch anders. Der Bildungshintergrund eines Menschen, wie die reinen Noten und der Rang in der Schule, wird herangezogen, um Menschen auszuwählen, die in Führungspositionen eingesetzt werden. Auf der Grundlage einer solchen Vergangenheit benehmen sich diese ausgewählten Personen, als wären sie geborene Adelige und schauen auf andere herab, beherrschen sie oder erteilen ihnen Befehle. Bedauerlicherweise ist dies keine himmlische Einstellung, sondern eine reine Illusion.

Streben Sie danach, eine bessere Gesellschaft zu erschaffen, indem Sie den Vierfachen Pfad praktizieren

Seien Sie aufgeschlossen und fragen Sie sich selbst:
„Lebe ich mit Gottes Willen als meinem eigenen?"
„Lebe ich mit Gottes Weisheit als meiner eigenen?"
Menschen, die sich Mühe geben, indem sie zu diesen Punkten demütig über sich selbst reflektieren, sollten diejenigen sein, die viel Weisheit erwerben und andere führen.
Zu diesem Zweck müssen Sie auch vor Liebe überfließen, Ihre eigenen Fehler erkennen,
sich gegenseitig ermuntern, die Wahrheit zu studieren und sich anstrengen, eine bessere Gesellschaft zu erschaffen.
Die Richtung, die Sie anstreben sollten, ist nicht Materialismus oder Szientismus, die sich nur auf diese Welt konzentrieren.

Gleichgültig, wie weit sich die Wissenschaft entwickelt hat, sie kann das Mysterium des Lebens trotzdem nicht enthüllen.
Warum kommen aus kleinen Eiern in der Erde geborene Larven an die Oberfläche und werden zu Käfern oder Hirschkäfern?
Nicht einmal das kann die Wissenschaft beantworten.
Warum entwickelt sich der menschliche Körper so, wie er es tut?
Warum arbeitet jedes Organ in unserem Körper auf seine eigene Art?
Warum führt das Gehirnsystem allerlei Funktionen aus, wenn wir es nicht selbst erschaffen haben?
Wir haben jetzt entdeckt und erforscht, was die DNS ist, aber warum existiert sie überhaupt?
Diese Fragen kann die Menschheit nicht beantworten.
Einige verblendete Wissenschaftler sagen, die DNS sei die Seele selbst.

Sie glauben sogar, „Die Weitergabe der DNS von den Eltern an die Kinder zu den Enkelkindern ist die Wiedergeburt der Seele". Doch ich muss sagen, dies ist nichts anderes als ein heutiger Ausdruck religiöser Unkenntnis.

4 Meine Hoffnung ist, die Erde als Trainingsgelände für Seelen zu erhalten

Utopia auf der Erde — Die Welt der *Wahrheit, Güte* und *Schönheit*

Meine Hoffnung ist natürlich, die Erde zu erhalten als den Ort, an dem viele Seelen wiedergeboren werden und sich auch in ihrem künftigen Leben spirituellem Training unterziehen.
Auch sollen nach meinem Wunsch viele Menschen verstehen, dass diese Erde in den Augen von Raumwesen ein sehr bevorzugtes Trainingsgelände für Seelen ist.

Wir müssen zum Ursprung der Bildung zurückkehren und sie so vollkommen reformieren, wie sie sein sollte.
Falls möglich, müssen wir durch all unser Tun die Welt der Güte aufbauen.
Utopia auf der Erde zu erschaffen, ist, mit anderen Worten, die Welt der Wahrheit, Güte und Schönheit aufzubauen – die wahre Welt, die gute Welt und die schöne Welt.
Doch dieses Utopia darf kein solches Utopia sein, das Seelen auf ewig an der irdischen Welt hängen lässt.
Eines Tages werden Sie Ihren physischen Körper verlassen und in eine andere Welt eintreten, in der Sie nicht essen oder nicht einmal mit einem anderen Menschen Händchen halten können.
Sie werden in so eine illusions-ähnliche Welt weitergehen, doch das ist die wahre Welt.
Die Menschen müssen weise genug werden, dies verstehen zu können.

Jede und jeder von Ihnen muss die eigene große Mission erfüllen – den Geist jedes Menschen zu erlösen

Nun, ich bin zutiefst besorgt, dass die Hölle ihr Gebiet erweitert und wie das Böse sich ausbreitet im Geist der Menschen, die in dieser irdischen Welt leben.
Die Menschen sollen meinem Wunsch nach stark sein.
Die wahre Welt ist die unsichtbare Welt, und die sichtbare Welt ist die vorübergehende Welt.
Diejenigen, die in dieser Welt einen festen Stand haben, finden es vielleicht schwierig, dies zu verstehen, aber ich hoffe, Sie werden diese paradoxe Wahrheit studieren:
Diejenigen, die in dieser Welt sehen können, sind im Grunde genommen blind, während diejenigen, die sehen können, was nicht von dieser Welt ist, wirklich sehen können.

Falls Sie dies erfassen können, und nur dies,
werden Sie verstehen können, was allen Religionen und ihrer Bedeutung zugrunde liegt.
Alles Leiden oder alle Traurigkeit in dieser Welt sind da für das Glück Ihrer künftigen Leben.
Selbst wenn Sie also in dieser Welt Leiden und Traurigkeit erleben, dürfen Sie sie nicht für Ihr Leben an sich halten.
Eine Erfahrung ist nur eine Erfahrung – nur wenn Sie aus ihr lernen, wird die Wahrheit ihr Licht ausstrahlen.
Bitte vergessen Sie dies nicht.

Ab jetzt werden wir in das Zeitalter eintreten,
in dem wir für die Wahrheit kämpfen.

Der jetzige Zustand der Welt ist noch sehr weit davon entfernt, wie er meinem Wunsch nach sein soll.
Ich weiß nicht, wie viel ich tragen kann.
Doch die Krise naht; im Grunde findet sie bereits statt.
Bitte nehmen Sie zur Kenntnis, dass wir jetzt eine Krise durchlaufen.

Halten Sie das, was wirklich heilig ist, als heilig hoch und ignorieren Sie das, was nicht heilig ist.
Ich hoffe, Sie leben, indem Sie dies unterscheiden.

Damit kommt das, was ich für dieses Kapitel sagen will, zum Ende, „Eine Botschaft vom Erlöser".
Und bitte versuchen Sie meine wahre Absicht zu verstehen.
Die zahlreichen Bücher von Happy Science
werden Ihnen helfen, dies zu verstehen.
Ich bete aufrichtig von Herzen, dass jede und jeder von Ihnen die eigene große Mission erfüllen wird – den Geist jedes Menschen erlösen – einen nach dem anderen.

NACHWORT

„Sie reden selbst in dieser heutigen Zeit immer noch über den Besonderen Richter der Hölle, König Yama, und den Roten Bestrafer? Geben Sie mir eine Pause." So denken viele Menschen, da bin ich mir sicher. Sie würden sagen, „Solche Gestalten stammen aus *japanischen Volksmärchen*. In Schullehrbüchern sind sie nicht erwähnt und in den Eingangsprüfungen zur Universität kommen sie auch nicht vor. Shakyamuni Buddha war prähistorisch; Jesus war der nichtsnutzige Sohn eines Zimmermanns. Sokrates war ein Kritiker des Mehrheitsprinzips, der den Namen Gottes missbrauchte.

Wie kann ich überhaupt glauben, dass Ame-no-Mioya-Gami, der japanische Vatergott, vor 30.000 Jahren aus der Andromedagalaxie auf den Berg Fuji herabstieg, um das japanische Volk zu erschaffen?"

Andere sagen: „Was ist verkehrt daran, wenn Männer und Frauen Sex haben, wie es ihnen gefällt? Wir sind nicht anders als Hunde."

„Bei der Religion geht es nur um Gehirnwäsche. Es ist alles spiritueller Betrug."

Unter den Journalisten, die so etwas sagen, sind keine Engel zu finden. Sogar Anwälte kamen in die Hölle. Selbst dem Kerl, der zu seinen Ehren ein Staatsbegräbnis bekam, riss Yama die Zunge heraus, weil er log.

Diejenigen, die in dieser Welt für „groß" gehalten werden, werden „klein", während die, die in dieser Welt als „klein" angesehen werden, „groß" werden. Unabhängig von Ihrer Bildung, Ihrer Berufslaufbahn oder der Zahl der Auszeichnungen oder Ehrenabzeichen, die Sie bekommen haben, werden Sie bestimmt in die Hölle kommen, wenn Sie nicht über Gut und Böse des Geistes Bescheid wissen.

Ryuho Okawa
Meister und Vorsitzender der
Happy Science Gruppe
November 2022

KAPITEL EINS
Einführung in die Hölle
Japanischer Titel: *Jigoku Nyumon*
Lehrrede gehalten am 24. Juli 2022
in der Special Lecture Hall, Happy Science, Japan

KAPITEL ZWEI
Das Gesetz der Hölle
Japanischer Titel: *Jigoku no Ho*
Lehrrede gehalten am 25. Juli 2022
in der Special Lecture Hall, Happy Science, Japan

KAPITEL DREI
Verwünschungen, Flüche und Besetzung
Japanischer Titel: *Noroi to Hyo-i*
Lehrrede gehalten am 1. August 2022
in der Special Lecture Hall, Happy Science, Japan

KAPITEL VIER
Der Kampf gegen Teufel
Japanischer Titel: *Akuma to no Tatakai*
Lehrrede gehalten am 3. August 2022
in der Special Lecture Hall, Happy Science, Japan

KAPITEL FÜNF
Eine Botschaft vom Erlöser
Japanischer Titel: *Kyuseishu kara no Message*
Lehrrede gehalten am 6. August 2022
in der Special Lecture Hall, Happy Science, Japan

Ein tieferes Verständnis von **Das Gesetz der Hölle** *gewinnen Sie mit folgenden anderen Büchern von Ryuho Okawa:*

Das Gesetz der Sonne [Berlin, IRH Press, 2017, 2. Auflage]

Das Goldene Gesetz [Düsseldorf, Happy Science, 2014]

Die Essenz des Buddha [Güllesheim, Silberschnur, 2006]

Das Gesetz des Geheimnisses [Berlin, IRH Press, 2021]

Der wahre Exorzist [Berlin, IRH Press, 2021]

The Spiritual Truth About Curses and Spells [Tokio, HS Press, 2022]

Das unbekannte Stigma 1 < Das Geheimnis > [Berlin, IRH Press, 2022]

Über den Autor

Gründer und Vorsitzender der Happy Science Gruppe.

Ryuho Okawa wurde am 7. Juli 1956 in Tokushima, Japan, geboren. Nach seinem Abschluss in Rechtswissenschaften an der Universität Tokio trat er in ein in Tokio ansässiges Handelshaus ein. Während er in dessen Standort in New York arbeitete, studierte er internationale Finanzen am Graduate Center der City University of New York. 1981 erlangte er die Große Erleuchtung und ihm wurde bewusst, dass er El Cantare ist mit einer Mission, der ganzen Menschheit Erlösung zu bringen.

1986 gründete er Happy Science. Happy Science hat mittlerweile Mitglieder in 168 Ländern weltweit, über 700 Zentren und Tempel sowie 10.000 Missionshäuser auf der ganzen Welt.

Er hat über 3500 Lehrreden gehalten (über 150 davon auf Englisch) und über 3100 Bücher veröffentlicht (über 600 davon in der Reihe der Spirituellen Interviews); viele davon werden in 41 Sprachen übersetzt. Neben *Das Gesetz der Sonne* und *Das Gesetz der Hölle* sind viele der Bücher Bestseller oder Millionenseller geworden. Bis heute hat Happy Science 27 Filme produziert. Die Originalgeschichte und das Originalkonzept stammen von Produktionsleiter Ryuho Okawa. Er hat außerdem Musikstücke komponiert und über 450 Liedtexte geschrieben.

Darüber hinaus ist er Gründer der Happy Science University und der Happy Science Academy (Junior und Senior High School), er ist Gründer und Präsident der Glücksrealisierungspartei, Gründer und Ehrendirektor des Happy Science Institute of Government and Management, Gründer des Verlages IRH Press Co., Ltd., und Vorsitzender von NEW STAR PRODUCTION Co., Ltd. und ARI Production Co., Ltd.

Was ist El Cantare?

Der Gott der Erde, El Cantare, ist der Urgott der Geistwesengruppe der Erde. Er ist die höchste Existenz, die Jesus Vater nannte, und er ist *Ame-no-Mioya-Gami*, Japanischer Vatergott.

El Cantare schickte seine Aspekte, wie Shakyamuni Buddha und Hermes, viele Male hinunter, damit sie die Menschheit leiten und viele Zivilisationen entwickeln. Derzeit ist das Kernbewusstsein von El Cantare als Meister Ryuho Okawa auf die Erde hinabgestiegen und gibt Lehren, um verschiedene Religionen zu vereinen und verschiedene Fachgebiete zu integrieren und so die ganze Menschheit zu wahrem Glück zu führen.

Alpha ist ein Teil des Kernbewusstseins von El Cantare, der vor rund 330 Millionen Jahren auf die Erde hinabstieg. Alpha predigte die Wahrheit der Erde, um die auf der Erde geborenen Menschen und die Raummenschen, die von anderen Planeten kamen, in Einklang zu bringen und zu einen.

Elohim ist ein Teil des Kernbewusstseins von El Cantare, der vor etwa 150 Millionen Jahren auf die Erde hinabstieg. Er übermittelte Weisheit hauptsächlich über den Unterschied zwischen Licht und Dunkelheit und Gut und Böse.

Ame-no-Mioya-Gami (Japanischer Vatergott) ist der Schöpfergott und der Urahn des japanischen Volkes, der in der alten Literatur, *Hotsuma Tsutae*, auftritt. Er ist, so glaubt man, vor etwa 30.000 Jahren auf den Gebirgsausläufern des Berges Fuji herabgestiegen und gründete die Fuji-Dynastie, den Ursprung der japanischen Zivilisation. Mit Gerechtigkeit als dem Grundpfeiler verbreitete sich Ame-no-Mioya-Gamis Lehre in die alten Zivilisationen anderer Länder auf der Welt.

Shakyamuni Buddha wurde vor etwa 2600 Jahren in Indien als Prinz in den Stamm der Shakya geboren. Als er 29 Jahre alt war, zog er sich von der Welt zurück und strebte nach Erleuchtung. Er erlangte später die Große Erleuchtung und begründete den Buddhismus.

Hermes ist einer der 12 olympischen Götter in der griechischen Mythologie, doch die spirituelle Wahrheit ist, dass vor ungefähr 4300 Jahren Liebe und Fortschritt lehrte, worin die derzeitige westliche Zivilisation ihren Ursprung hat. Er ist ein Held, den es tatsächlich gab.

Ophealis wurde vor rund 6500 Jahren in Griechenland geboren und leitete eine Expedition bis nach Ägypten. Er ist der Gott der Wunder, des Wohlstands und der Künste; in der ägyptischen Mythologie ist er als Osiris bekannt.

Rient Arl Croud wurde als König des alten Inkareiches vor rund 7000 Jahren geboren und lehrte die Geheimnisse des Geistes. In der himmlischen Welt ist er zuständig für die Interaktionen zwischen verschiedenen Planeten.

Thoth war ein allmächtiger Führer, der vor circa 12.000 Jahren das goldene Zeitalter der atlantischen Zivilisation aufbaute. In der ägyptischen Mythologie ist er bekannt als Gott Thoth.

Ra Mu war ein Führer, der das goldene Zeitalter der Zivilisation von Mu vor rund 17000 Jahren aufbaute. Als Religionsführer und Politiker herrschte er, indem er Religion und Politik verband.

Über Happy Science

Happy Science ist eine weltweite Bewegung, die Menschen ermächtigt, Sinn und spirituelles Glück zu finden und dieses Glück mit ihrer Familie, der Gesellschaft und der Welt zu teilen. Mit über 12 Millionen Mitgliedern weltweit ist es das Ziel von Happy Science, das Bewusstsein für die spirituelle Wahrheit zu erweitern und ebenso unsere Fähigkeit für Liebe, Mitgefühl und Freude zu erweitern, damit wir zusammen eine solche Welt erschaffen können, in der wir alle leben wollen.

Die Aktivitäten bei Happy Science basieren auf dem Happiness-Prinzip (Liebe, Weisheit, Selbstreflexion und Fortschritt). Dieses Prinzip vereinigt weltweite Philosophien und Überzeugungen und geht über die Grenzen von Kultur und Religionen hinaus.

Liebe lehrt uns, uns selbst großzügig zu geben, ohne etwas als Gegenleistung zu erwarten; sie umfasst Geben, Nähren und Vergeben.

Weisheit führt uns zu den Erkenntnissen spiritueller Wahrheit und öffnet uns für die wahre Bedeutung des Lebens und den Willen Gottes (des Universums, der höchsten Macht, Buddhas).

Selbstreflexion bringt eine achtsame und nichtwertende Sichtweise in unser Denken und Handeln, um uns zu unterstützen, unser wahrstes Selbst zu finden – die Essenz unserer Seele – und unsere Verbindung zur höchsten Macht zu vertiefen. Sie hilft uns, einen reinen und friedlichen Geist zu erlangen und führt uns auf den rechten Lebensweg.

Fortschritt betont die positiven, dynamischen Aspekte unserer spirituellen Entwicklung – Schritte, die wir unternehmen können, um Glück auf der ganzen Welt zu manifestieren und zu verbreiten. Er ist ein Weg, der nicht nur die Entwicklung unserer Seele fördert, sondern auch das kollektive Potenzial der Welt, in der wir leben.

Programme und Veranstaltungen

Die Türen von Happy Science stehen allen offen. Wir bieten vielfältige Programme und Veranstaltungen an, darunter Programme zur Selbsterfahrung und Selbstentwicklung, spirituelle Seminare, Meditations- und Kontemplationssitzungen, Studiengruppen und Buchvorstellungen.

Unsere Programme sollen dazu dienen:

- Ihr Verständnis Ihrer Aufgabe und Ihres Sinns im Leben zu vertiefen
- Ihre Beziehungen zu verbessern und Ihre Fähigkeit, bedingungslos zu lieben, zu steigern
- Inneren Frieden zu erlangen, Angst und Stress zu verringern und sich positiv zu fühlen
- Tiefere Einsichten und eine umfassendere Sichtweise auf die Welt zu erlangen
- Herausforderungen des Lebens überwinden zu lernen
    ... und vieles mehr.

Weitere Informationen finden Sie unter
happy-science.org

Kontakt-informationen

Happy Science ist eine weltweite Organisation mit Glaubenszentren überall auf der Welt. Eine umfassende Liste der Zentren finden Sie im weltweiten Verzeichnis unter *happy-science.org*. Nachstehend einige der zahlreichen Happy-Science-Standorte:

Berlin (Deutschland)
Rheinstraße 63, D-12159 Berlin
Tel.: +49 (0) 30 7895 7477
Fax: +49 (0) 30 7895 7478
kontakt@happy-science.de
www.happy-science.de

Wien (Österreich)
Zentagasse 40-42/1/1b, A-1050 Wien
Tel./Fax: +43 (0) 1 94 55 60 4
austria-vienna@happy-science.org
www.hs-austria.at

Luzern (Schweiz)
Neustadtstrasse 7, CH-6003 Luzern
switzerland@happy-science.org
www.happy-science.ch

Internationale Zentrale
Tokio (Japan)
1-6-7 Togoshi, Shinagawa · Tokio 142-0041
Tel.: +81 (0) 3 6384 5770
Fax: +81 (0) 3 6384 5776
tokyo@happy-science.org
www.happy-science.org

Bücher von Ryuho Okawa

Das Gesetz der Sonne
Eine Quelle, ein Planet, eine Menschheit
ISBN 978-4-86395-898-2
€ 14,95 [D], € 15,37 [A]

Das Goldene Gesetz
Die Geschichte der Menschheit
in den Augen des ewigen Buddha
ISBN 978-3942308014
€ 16,90 [D], € 17,38 [A]

Der Aufstieg durch die Dimensionen
Die Gesetze der Ewigkeit
ISBN 978-3898451567
€ 11,90 [D], € 12,24 [A]

Das Gesetz der Gerechtigkeit
Wie wir Weltkonflikte überwinden und
Frieden stiften können
ISBN 978-4-86395-781-7
€ 14,99 [D], € 15,40 [A]

Das Gesetz der Mission
Die Kraft der Barmherzigkeit
ISBN 978-4-86395-897-5
€ 14,95 [D], € 15,37 [A]

Das Gesetz des Glaubens
Eine Welt jenseits aller Unterschiede
ISBN 978-4-86395-941-5
€ 14,95 [D], € 15,37 [A]

Das Gesetz der Bronze
Liebet einander, werdet eine Menschheit
ISBN 978-3-9820393-0-5
€ 14,95 [D], € 15,40 [A]

Das Gesetz des Erfolgs
Ein spiritueller Ratgeber, wie Sie Ihre Träume
Wirklichkeit werden lassen
€ 15,00 [D], € 15,00 [A]
* Erhältlich bei Happy Science.

Das Gesetz des Stahls
Ein Leben mit Resilienz, mit Zuversicht und in Wohlstand Leben
ISBN 978-3-9821272-1-7
€ 14,95 [D], € 15,40 [A]

Das Gesetz des Geheimnisses
Erwachen Sie in diese neue Welt und ändern Sie Ihr Leben
ISBN 978-3-9821272-2-4
€ 14,95 [D], € 15,40 [A]

Das Gesetz Des Messias
— Von Liebe zu Liebe
ISBN 978-3-949601-04-0
€ 14,95 [D], € 15,40 [A]

Das Gesetz unbesiegbarer Führung
ISBN 978-3-949601-05-7
€ 14,95 [D], € 15,40 [A]

Das Gesetz der Hoffnung
ISBN 978-3-949601-07-1
€ 14,95 [D], € 15,40 [A]

Danke, mir geht es bestens!
Herausforderungen gelassen meistern
ISBN 978-3898453295
€ 6,95 [D], € 7,15 [A]

Selbstheilung
Die wahre Beziehung
zwischen Geist und Körper
ISBN 978-3942308007
€ 11,90 [D], € 12,24 [A]

**Wer sein Leben verändert,
verändert die Welt**
Ein spiritueller Leitfaden zum Leben im Jetzt
ISBN 978-3848221080
€ 14,90 [D], € 15,32 [A]

Die Essenz des Buddha
Der Pfad der Erleuchtung
ISBN 978-3898451093
€ 11,90 [D], € 12,24 [A]

Die Herausforderung des Geistes
Karma und menschliches Glück
ISBN 978-3898452113
€ 11,90 [D], € 12,24 [A]

Der Pfad zum Glück
Wie ihr noch in diesem Leben
zu leibhaftigen Engeln werden könnt
ISBN 978-3732253012
€ 7,95 [D], € 8,18 [A]

Die Happiness-Prinzipien
Vier Wege für ein wirklich gutes Leben
ISBN 978-3898454254
€ 14,95 [D], € 15,37 [A]

Manifest der Glücksrealisierungspartei
ISBN 978-3735738110
€ 11,95 [D], € 12,29 [A]

Das Geheimnis hinter
der *Vergewaltigung von Nanking*
Eine spirituelle Beichte von Iris Chang
ISBN 978-1941779590
€ 9,86 [D], € 10,14 [A]

Sei unbesiegbar
Mit Siegerdenken zu mehr Glück und Erfolg
ISBN 978-3899019322
€ 14,95 [D], € 15,37 [A]

Die unerschütterliche Gesinnung
Wie Sie die Schwierigkeiten des Lebens
überwinden können
ISBN 978-3958024533
€ 12,99 [D], € 13,36 [A]

Einladung zum Glücklichsein
7 Eingebungen deines inneren Engels
ISBN 978-3958831186
€ 14,95 [D], € 15,37 [A]

Spirituelle Botschaft von Martin Luther
Seine Vision für eine neue Reformation
€ 8,00 [D], € 8,00 [A]
* Erhältlich bei Happy Science.

Die Wahrheiten über die spirituelle Welt
Ein Führer zu einem spirituell glücklichen Leben
€ 15,00 [D], € 15,00 [A]
* Erhältlich bei Happy Science.

Die Wiedergeburt des Buddha
Botschaft Buddhas an seine Schüler
€ 15,00 [D], € 15,00 [A] * Erhältlich bei Happy Science.

Wohlstandsdenken
Die Einstellung entwickeln,
unendlichen Reichtum anzuziehen
€ 15,00 [D], € 15,00 [A]
* Erhältlich bei Happy Science.

**Spirituelles Interview
mit dem Schutzwesen von Angela Merkel**
Enthüllung ihrer wahren Absichten,
Visionen und Herausforderungen
ISBN 978-3-74816-776-1
€ 9,95 [D], € 10,23 [A]

Liebe für die Zukunft
Die Liebe GOTTES, die die Erde führt
ISBN 978-4-86395-264-5
€ 9,95 [D], € 10,23 [A]

Hongkong-Revolution
Spirituelle Botschaften der Schutzwesen
von Xi Jinping und Agnes Chow
ISBN 978-3-9821272-0-0
€ 14,95 [D], € 15,40 [A]

Das Wunder der Meditation
Öffnen Sie Ihr Leben für Frieden, Freude
und innere Kraft
ISBN 978-3-9821272-3-1
€ 14,95 [D], € 15,40 [A]

Der Grund, warum wir hier sind
Mit vereinten Kräften Gottes Gerechtigkeit verwirklichen —China,
Klimawandel und LGBT— mit einer spirituellen Botschaft von Gott
Thoth
ISBN 978-3-9821272-4-8
€ 14,95 [D], € 15,40 [A]

Der wahre Exorzist
Erlangen Sie Weisheit,
um das Böse zu überwinden
ISBN 978-3-9821272-5-5
€ 14,95 [D], € 15,40 [A]

Das Unglücks-Syndrom
28 Konditionierungen unglücklicher Menschen (und wie man diese ins
Positive verwandelt)
ISBN 978-3-949601-00-2
€ 14,95 [D], € 15,40 [A]

Neugeburt
Meine frühen Gedanken, die meine wahre Mission offenbarten
ISBN 978-3-949601-01-9
€ 14,95 [D], € 15,40 [A]

Lieben, inspirieren und vergeben
ISBN 978-3-949601-03-3
€ 14,95 [D], € 15,40 [A]

Entwicklungsstufen der Liebe
— Die ursprüngliche Theorie
ISBN 978-3-949601-06-4
€ 14,95 [D], € 15,40 [A]

Das Unbekannte Stigma 1
< Das Geheimnis >
ISBN 978-3-949601-08-8
€ 14,95 [D], € 15,40 [A]

Das Unbekannte Stigma 2
< Die Auferstehung >
ISBN 978-3-949601-09-5
€ 14,95 [D], € 15,40 [A]

Das Unbekannte Stigma 3
< Das Universum >
ISBN 978-3-949601-10-1
€ 14,95 [D], € 15,40 [A]